人が集まる社長と人が離れる社長

堀之内裕史

Horinouchi Yuji

白夜書房

はじめに

「人さえいれば……」

「自分の分身がいればいいのに……」

「雇っては辞め、雇っては辞めの繰り返し。どうすれば社員が定着するのだろうか……」

「人さえいれば事業が拡大するのに……」

本書を手に取ったあなたは、きっとそんな悩みを抱えていることでしょう。

あなたが社長なら、まわりにも同じような悩みを抱えている人がたくさんいるはずです。

「人が集まらない」

「人が残らない」

こうした状況は、ほぼすべてといっていいくらいの創業社長が一度は直面する難題です。

「企業は人なり」

これは、経営の神様と呼ばれた松下幸之助の言葉だと言われています。

「会社は人がすべて」

そう聞いて、反論する社長は1人もいないでしょう。商品を開発するのも、サービスを企画するのも、お客さんに提供するのも、組織を支えるのも、すべて人です。

人が集まり、職場に定着し、活躍しなければ、企業の成長はありえません。

何年も前から「いずれはＡＩが人の仕事を奪う」と言われてきました。２０１５年には「日本の労働人口の49％が10～20年後にＡＩやロボットで代替可能」という衝撃的なレポートが野村総合研究所とオックスフォード大学の共同研究によって発表されました。あれから10年近く経ちましたが、日本では仕事がなくなるどころか、深刻な人手不足に見舞われています。

最近は、人余りどころか「人手不足倒産」が増えているくらいです。

製造現場や物流倉庫ではひと昔前とは比べものにならないくらいロボット化が進みました。最近はChatGPTをはじめ、AIが日常生活に深く入り込んできています。ロボット化やAI化が急速に進んでいますが、それでも会社を成長させる最大のカギは、今も変わらず人なのです。

「いかに人を集めるか？」

これが企業の行く末を左右するのです。

人が集まる社長、人が離れる社長

社長はみな、痛感させられていることでしょう。人を集め、定着させることがどれだけ大変なことか。

ほとんどの会社のスタートは、社長1人か仲間数人。個人事業主にしろ、法人化するにしろ、多くは1人で起業します。いわゆる「一人社長」の誕生です。

事業が軌道に乗り、売り上げが伸びてくると、仕事が増えて自分1人ではこなし切れなくなってきます。

「そろそろ人を雇うか」

そう考えて、人を雇い始めるのです。

ところが、1号社員はなかなか仕事ができるようになりません。社長は1号社員をかわいがっているからこそ、かえって強く当たってしまうのです。1号社員は、つらくなって辞めていってしまいます。

「あいつのためを思って育てたのに……」

社長は落胆して、結局また一人社長に戻ってしまうというのがよくあるパターンです。

そこから奮起して別の若手を雇うものの、また同じことを繰り返してしまいます。

1人目の社員を何とか育てて、2人目、3人目を雇ったとしても、辞めては採用し、辞めては採用しの繰り返し。なかなか数人規模から脱却できない企業が数多く存在します。

それでは、組織を大きくしていく社長と大きくできない社長には、どんな違いがあるのでしょうか？

実は、組織を大きくしていっている社長が特別なことをしているわけではありません。ましてや抜きん出た能力があるわけでもありません。

「その地雷を踏んだら、人が離れていくよね」

意識的にしろ、無意識にしろ、そんな危険個所を上手に避けているのです。

お笑い芸人から整体師へ

はじめまして。私は滋賀県で6つの整骨院・整体院を運営している堀之内裕史と申します（2023年8月現在）。

私は若いころ、お笑い芸人でした。

高校卒業後、漫才コンビ「オール阪神・巨人」の巨人に弟子入りしました。そのとき、一緒に弟子入りしたのが、猿岩石でブレイクする前の有吉弘行でした。

当時はともに18歳。有吉とは、私の前歯が折れるほどの殴り合いの大げんかをしたこともあります。

私は相方を見つけて漫才コンビを組み、お笑いの舞台に立つようになりました。

「俺のお笑いで、人を笑顔にするんや！」

そんな気持ちで舞台に乗り込みましたが、漫才ではスベるばかり。

「お前と一緒にやっていても、一生芽が出えへん。解散しよ」

突然、相方からそう言われ、コンビを解消しました。

お笑いでなかなかブレイクしなかった私は、悶々とした日々を送っていました。

私の実家が治療院だったこともあり、心配した母が整骨院の先生を紹介してくれました。これをきっかけに、私はお笑いの道をあきらめて、整体師を目指すことにしました。

「整体師になって、人を笑顔にします」

意を決して巨人師匠にそう打ち明けました。私は、師匠から「何言っとんのや！」

と、どやされると覚悟していました。
「わかった。行ってこい」
師匠は声を荒げることなく、そっと私の背中を叩いたのです。
私の両目からは堰を切ったように涙があふれ出しました。
私の心のどこかには、師匠に引き止めてほしいという気持ちがあったのでしょう。
しかし、師匠のこの一言で未練が吹き飛びました。

整骨院で働きながら学校に通って柔道整復師の国家資格を取った私は、整骨院や救急病院、整形外科などで経験を積み、２００７年に独立開業しました。

お客さんも社員も集まる会社へ

私もはじめはたった1人でのスタートでした。
売り上げが伸びてくると、さらに事業を拡大しようとスタッフを雇いはじめます。
今は20人以上の社員がいますが、ここに来るまでにいろんなことがありました。

まわりを見渡すと、整骨院業界は、院長1人だけで運営しているいわゆる「一人院」が大半を占めています。

ずっと1人でやっている人もいれば、社員を雇っては辞められ、雇っては辞められを繰り返して、事業拡大をあきらめて一人院になっているケースもあります。

こうした状況は、整骨院業界だけではないでしょう。あなたのまわりの経営者を思い浮かべてみてください。飲食店から理美容院、歯科医院、税理士などの士業《しぎょう》まで、数人規模の会社が大多数ではないでしょうか？

1人や数人でやっているからといって、サービスの質が低いわけではありません。むしろ、顧客から絶大な信頼を得ているケースが少なくありません。

組織が大きくなるかどうかは、仕事の質の高さよりむしろ求心力があるかどうかにかかっているのです。

ある一人院の整体師と話す機会がありました。

その整体師は「人を雇って組織を大きくしていきたい」という思いを持っていました。それなのに、野球でいえば1人で全ポジションをこなしていました。せっかく人を雇っても、「セカンド下手くそだから、俺が行く」「ファースト下手だから俺が行く」

といったことを繰り返しているようでした。それでは人は育ちません。せっかく入社しても辞めてしまいます。

1人社長から数人規模へ、そして数十人規模へと会社を拡大させていく道のりには、いくつもの落とし穴があります。

私は普段、他社の社長と接する機会が多いのですが、

「そっちに行ったら、私が落っこちたのと同じ落とし穴に落ちちゃうのに……」

と思うことがよくあります。

私自身、右に行っては落とし穴にはまり、左に行っては石につまずきながら会社を大きくしてきました。

実は、考え方を少し変えるだけで人が集まるようになります。

本書では、私の経験を踏まえて、人が集まって離れなくなるノウハウをお伝えします。

ぜひ、経営やマネジメントに役立ててください。

目次

PART 2

イライラするのは自分の「分身」を求めるから

PART 3

「見て覚えろ」では覚えられない

PART 4 ビジョンがなければ社長も社員も心が折れる

PART 5 俯瞰して見ることができるか？

PART 6

社長と社員では見えている世界が違う

PART 7

会社のルールは社長も守る

PART 8

社員のせいにしない

PROLOGUE

「社長が仕事を分解できないこと」が諸悪の根源だった!

マネジメントは永遠の経営課題

「うちは、社員のマネジメントがうまくいっているよ」

そう胸を張る社長がいるかもしれません。本当にうまくいっている会社もあるとは思いますが、多くの場合、口ではそう言っていても、実際にはうまくいっていないケースが多いのではないでしょうか。

私が見るかぎり、社員のマネジメントに困っていない社長はいません。リーダーやマネジャーといった管理職の人たちの多くも、マネジメントに頭を悩ませています。

ピーター・F・ドラッカーが『現代の経営』を出版してマネジメントブームを巻き起こしたのは１９５４年のことです。マネジメントの父と呼ばれるドラッカーの著作は約70年経った今でも読み継がれています。

マネジメントは、チームや組織を動かす人にとって永遠の課題なのです。このマネジメントの課題を何とか解決したいというのがすべての社長の願いです。

それではなぜ、社長はマネジメントの問題を抱えているのでしょうか?

当たり前ですが、社員がいるからです。社員のいない「一人社長」はマネジメント問題とは無縁です。自分のことを自分で管理して、自分で儲ければいいだけです。

ところが、社員を雇った瞬間、マネジメントの問題が浮上するのです。

マネジメント問題は事業拡大にともなう「成長痛」

一人社長は、ビジネスがうまくいき始めると、「1人の限界」という壁に行く手を阻まれます。

お客さんからの依頼が増えてきて、自分ではすべてこなしきれなくなるのです。お客さんから「社員を雇いなよ」「法人化しなよ」などと言われることもあるでしょう。

1人でビジネスを続けるには限界があります。とりわけ私が経営している整骨院は典型的な「労働集約型」のビジネスです。労働集約型とは、人の労働に頼る部分が大きい業態のこと。整骨院のほかにも、美容院や飲食店、ホテルなど、接客を中心とするサービスの多くが労働集約型。整骨院なら柔道整復師、美容院なら美容師の腕前に頼るビジネスモデルです。無資格のアルバイトに任せたり、機械化したりといったことができません。人がこなすしかないのです。

しかし、1人でこなす量には限界があります。売り上げを伸ばすなら、サービスの単価を上げるか、回転率を上げるか、あるいは人を増やして規模を拡大するしかありません。

1人の生産性を最大に高める努力の先にあるのは、社員の雇用です。

「お客さんをさばききれないし、いよいよ本格的に事業を拡大するぞ！」

そう決心して、人を雇うわけです。

その瞬間、浮上するのがマネジメントの問題です。

つまり、マネジメントが問題になるということは、ビジネスが成功している証。社長は、自分で本業をこなすことよりむしろ、人を束ねることへと役割がシフトすることを意味します。

マネジメントの問題はいわば「成長痛」です。成長企業の社長なら、誰もが成長過程で経験します。子どもの成長痛は自然と消えていきます。ところが、社長の心の成長痛は会社が大きくなればなるほど大きくなっていくやっかいな症状です。

1人目社員の採用という最初にして最大の関門

あなたが転職活動中だとします。求人広告をチェックしていて、「従業員0人」の会社に応募しますか?

「宮大工になりたい」「家具職人になりたい」など、本気で手に職を付けたいと考えている人なら、一人社長である腕利きの職人に弟子入りすることを考えるかもしれません。しかし、一般的な企業に入ろうとする人は、従業員0人の会社にはまず応募しません。従業員0人だと知らずに応募して面接を受けに行ったところ、社長1人しかいない会社だったら「だまされた。先に言ってよ!」と思うはずです。

誤解を恐れずに言えば、一人社長の会社に優秀な人材は応募しません。だから、一人社長の多くは知り合いのつてを頼って1人目の社員を探します。

私が採用を始めたころ、他社に提出した履歴書をそのまま持ってきた応募者がいました。しかも、くしゃくしゃになった履歴書をポケットから出してきました。「ぜひ働きたい！」と熱い内容が書かれていましたが、そこに記された社名は他社のものでした。

「これ、うちの会社ちゃうやんか！　どういうこと？」

「あ、すみません。前に受けた会社です」

こんなのは序の口です。正社員の募集なのに、ＴシャツにＧパンで面接に来る人もいます。

私は、他社の履歴書を持ってきた若者といろいろ話しました。

「ちゃんと履歴書を書いたほうがいいよ。これで判断されちゃうから」

「あ、はい」

「うちで働きたいなら、もう一度、履歴書を持ってきてよ。時間つくるから」

そう諭して、結局は入社してもらいました。

手塩にかけて育てれば、見違えるように成長する

くしゃくしゃの履歴書を持ってきた彼は入社して7年くらい働き、今は独立開業し

ました。見違えるように成長して、もうまるで別人です。

仕事中、トイレに逃げ込んで1時間くらいこもった社員もいましたが、彼は13年くらい働いて、プロ野球の球団のトレーナーを経て、独立しました。

まだ会社が小さかったころ、私は社員をよく「飲みーティング」に誘いました。そこで患者さんとの向き合い方からメールの返信の仕方、仕事に対する姿勢まで、いろんな話をしました。今どきの若者なので、途中で帰っていくこともありましたが。

入社してくれた社員と真正面から向き合うしかありません。一生懸命に育てるしかありません。そうすれば、驚くほど成長していきます。

求人した時点で「ロクな人間が来ない」と見切りをつけて、採用活動をやめてしまったら、それでおしまい。一人社長から脱却できません。

ロクな人間が来ないのではありません。はたから見ると、ロクな会社に見えないのです。応募者の能力を問う前に、社長自身が変わらなければ、1人目採用という難題をクリアして、会社を次のステージへと上げることはできません。

人を雇うと、むしろ業績が下がる!?

社員を採用するときに立ちふさがる壁は、思うような人材が集まらないことだけではありません。

順調に伸びている業績をさらに伸ばすために社員を雇ったのに、むしろ利益が下がるという予想だにしない事態に見舞われることがあるのです。

社長1人から社員を入れて2人になれば、いきなり業績が2倍にはならなくても、せめて1・5倍くらいにはなるかな、と目論みます。

ところが恐ろしいことに、社員を雇うとむしろ業績が停滞することが多い。社員を雇った途端、事業の成長が行き詰まるのです。場合によっては、人を雇うとむしろ業績が下がることすらあります。新人を育てるのに手間取ったり、新人が失敗したりといったことで、利益が削られていってしまうからです。

たとえば整骨院なら、一人院のときは自分を気に入った患者さんで予約がいっぱい。それ以上、売り上げを伸ばせなくなり、自分の健康のことを考えても、もう1人必要だと思って雇います。

診療時間中は患者さんの治療に追われるため、診療時間外に新人を教えなければなりません。ある程度教えたら、自分の患者さんを社員に引き渡していきます。ところが、いくら教育したからといって、そう簡単に社長と同じレベルの仕事はできません。

私自身も、社員を雇ってむしろ会社の成長が止まるという状況にぶつかったことがあります。はっきり言って、耐えられませんでした。笑えるくらい耐えられませんでした。

ただ、社員を雇うとかえって業績が悪化するのは、社長に経営のセンスがないわけでも、雇った人材に難があるわけでもありません。これは誰もが通る道です。

一歩進んでは、二歩後退

整骨院は、売り上げに占める人件費の割合が42%を超えてはいけないと言われています。月商100万円なら、人件費は社長の取り分を含めて月42万円までということです。

社員を1人雇うと、その人を食わせていくためには、自分の取り分が減ってしまいかねません。社長はイライラを募らせた挙句、

「お前にいくら払ってると思ってるんだ!」

と、つい口走ってしまいます。そんな社長に嫌気がさして、社員は長続きせずに去っていきます。


雇っては辞め、雇っては辞め。

この繰り返しに陥ってしまうのです。

社長は未来を見据えて、長期的に事業を拡大していくために人を雇ったはずです。「もっと多くのお客さんを喜ばせたい」「もっと豊かな生活を送りたい」といった思いを原動力に、冷静に判断して社員を雇ったはずです。

ところが実際に雇ってみると、冷静だった頭がヒートアップして、

「もういい! 自分でやる!」

となるのです。未来のために人を雇ったのに、今が嫌になってしまいます。冷静な判断と感情的な判断が頭の中でせめぎ合うようになるのです。

日本はこれから人口が減っていく中で、リクルートという入り口と離職という出口は深刻な経営課題。この入り口と出口を雑に扱うと、会社の成長はありません。いつまで経っても一歩進んでは二歩戻ってを繰り返し、ジリ貧になっていって、結局、自分の夢をあきらめてしまうことになりかねません。

「5人の壁」が最も高い!?

日本の法人の99%以上が中小企業であることは、よく知られています。中小企業といっても数人から数百人まで規模はさまざまですが、従業員が0〜4人の零細企業が実に56・2%を占めています（総務省「令和3年版　経済センサス－活動調査」）。

日本に存在する企業の約6割が従業員4人以下なのです。

つまり世の中の社長の過半数が5人の壁を超えられない現実があるのです。

とりわけ私が属している整骨院業界は零細企業が多い。数人どころか、一人院が8〜9割を占めていると思います。私が大手コンサルティング会社のコンサルタントに

従業員規模別の事業所の割合（%）

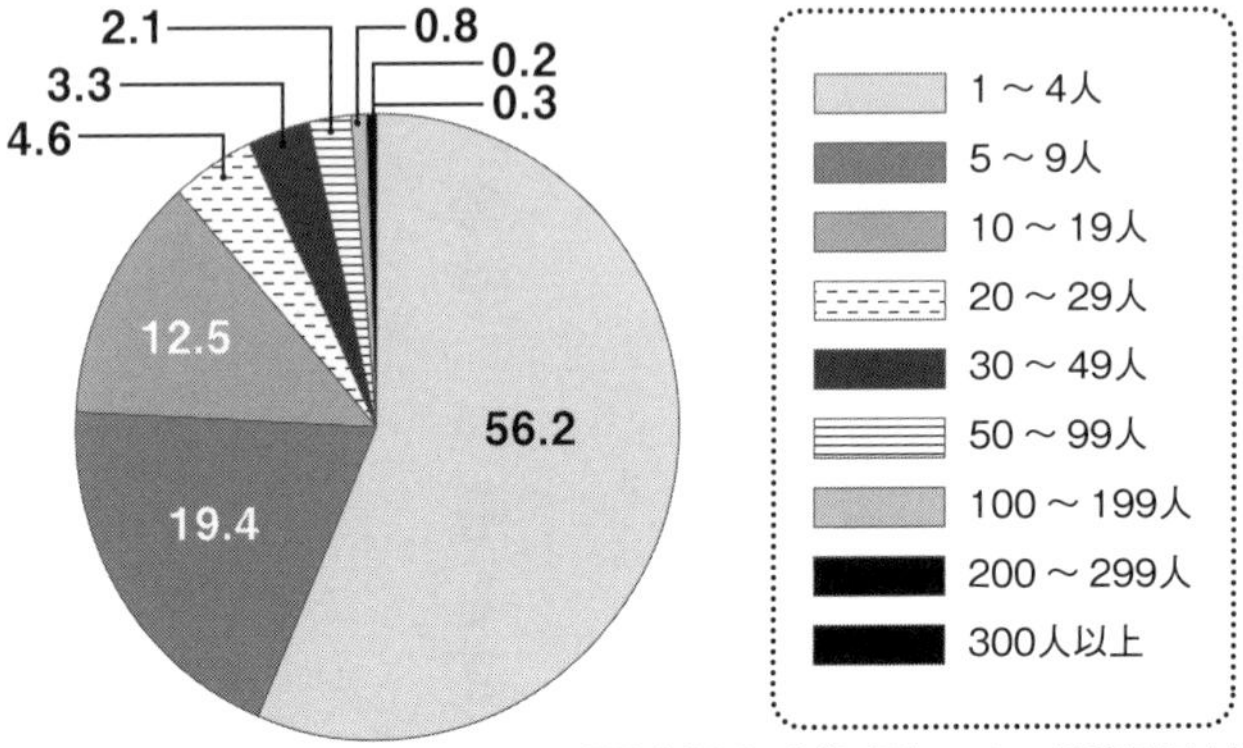

総務省「令和3年版 経済センサス-活動調査」をもとに作成

聞いたところでは、当社のように6店舗を運営している整骨院は日本に100社はないそうです。

保健所に届け出ている整骨院は全国約5万院。コンビニエンスストアの数は約5万6000店（一般社団法人日本フランチャイズチェーン協会）。歯科医院は6万8000院（2021年厚生労働省調査）。コンビニエンスストアはフランチャイズ加盟している社長一人か奥さんと2人で、アルバイトスタッフを使って運営していることがほとんど。歯科医院も歯科衛生士と受付スタッフの数人で運営していることが多いでしょう。

5人の壁、10人の壁、30人の壁、100

人の壁など、会社には成長過程でいろんな壁があると言われています。もしかすると、5人の壁が最も高いのかもしれません。

世の中の社長の半数以上が従業員4人以下の規模でくすぶっているのです。

「仕事を分解できないこと」が最大の課題

独立起業したからといって、すべての人が事業をスムーズに軌道に乗せられるわけではありません。人を雇うステージにのぼってきたということは、本業がうまくいっているからです。人が集まらないという壁は、ビジネスが軌道に乗ってきた社長だからこそ、ぶつかるものです。

それではなぜ、人を雇っても離れていってしまうのでしょうか?

私は、「仕事の分解」ができていないことが最大の原因だと確信しています。

社長はマルチプレイヤーです。一人社長時代、本業はもちろん、事務から営業まですべてをこなしていました。

「もう1人自分がいればいいのに……」

そう思って雇った結果、社員に自分の分身を求めてしまうのです。この落とし穴にハマってしまうと、抜け出すのは至難の業です。

「いやいや、そんなことないよ。ちゃんとＯＪＴで基礎から教えているよ」

そう言うかもしれません。整骨院なら、接客から施術のやり方まで、手取り足取り教えるでしょう。

１カ月間みっちり教えて、いよいよひとり立ちとなったとき、いきなりすべての施術を任せてしまうのです。

なぜなら社長自身はそれが「できる」からです。

きちんと教えたから新人もできるはずだ。そう思うかもしれません。しかし、自分が期待したようにはできないことがほとんどです。

「給料を払っているんだから、こんなこともやってもらいたい、あんなこともやってもらいたい」

と欲が出てきます。ところが、自分の思う通りには動いてもらえません。

一方で、社員は「ピッチャーの仕事もさせられるし、キャッチャーの仕事もさせら

初職の離職理由

初職の離職理由（複数選択可）	
仕事が自分に合わなかったため	43.4%
人間関係がよくなかったため	23.7%
労働時間、休日、休暇の条件がよくなかったため	23.4%
賃金がよくなかったため	20.7%
ノルマや責任が重すぎたため	19.1%
最も重要な理由	
仕事が自分に合わなかったため	23.0%
人間関係がよくなかったため	10.0%
結婚、子育てのため	8.5%

内閣府「平成30年版 子供・若者白書（全体版）特集 就労等に関する若者の意識」をもとに作成

れる。そんなのできるわけない」とうんざりしています。

社長と社員の意識のズレがどんどん広がっていくのです。

内閣府の『平成30年版　子供・若者白書』によると、若者の初職の離職理由は「仕事が自分に合わなかったため」が43・4％で断トツ1位。社長がやらせたい仕事内容と新人がやるつもりだった仕事内容、この2つにギャップがあるということです。

少し古いですが、リクルートの2007年の調査では、退職理由の1位は「上司・経営者の仕事の仕方が気に入らなかった」（23％）でした。スモールビジネスでは、上司イコール経営者。まさに社長に対する不満が最大の離職ポイントなのです。

経営者と社員は別物です。社員は、基本的には1つの役割をこなす存在です。たとえば、経理や総務、営業といった役割です。社長は自分の仕事を分解して、パーツを社員に任せなければなりません。いきなり複数の役割を任せると、社員はパンクしてしまいます。

ところが、多くの社長は自分の仕事を分解すること自体ができません。思いついたことをやらせてしまうのです。社長のようなマルチプレイヤーは仕事を分解できないのです。それどころか、仕事を分解するという意識すらない社長が多い。これが、人が離れていく最大の原因なのです。

人が集まるようにするには、自分の仕事を分解することがすべての出発点になるのです。

○ 役割と行動が決まっている

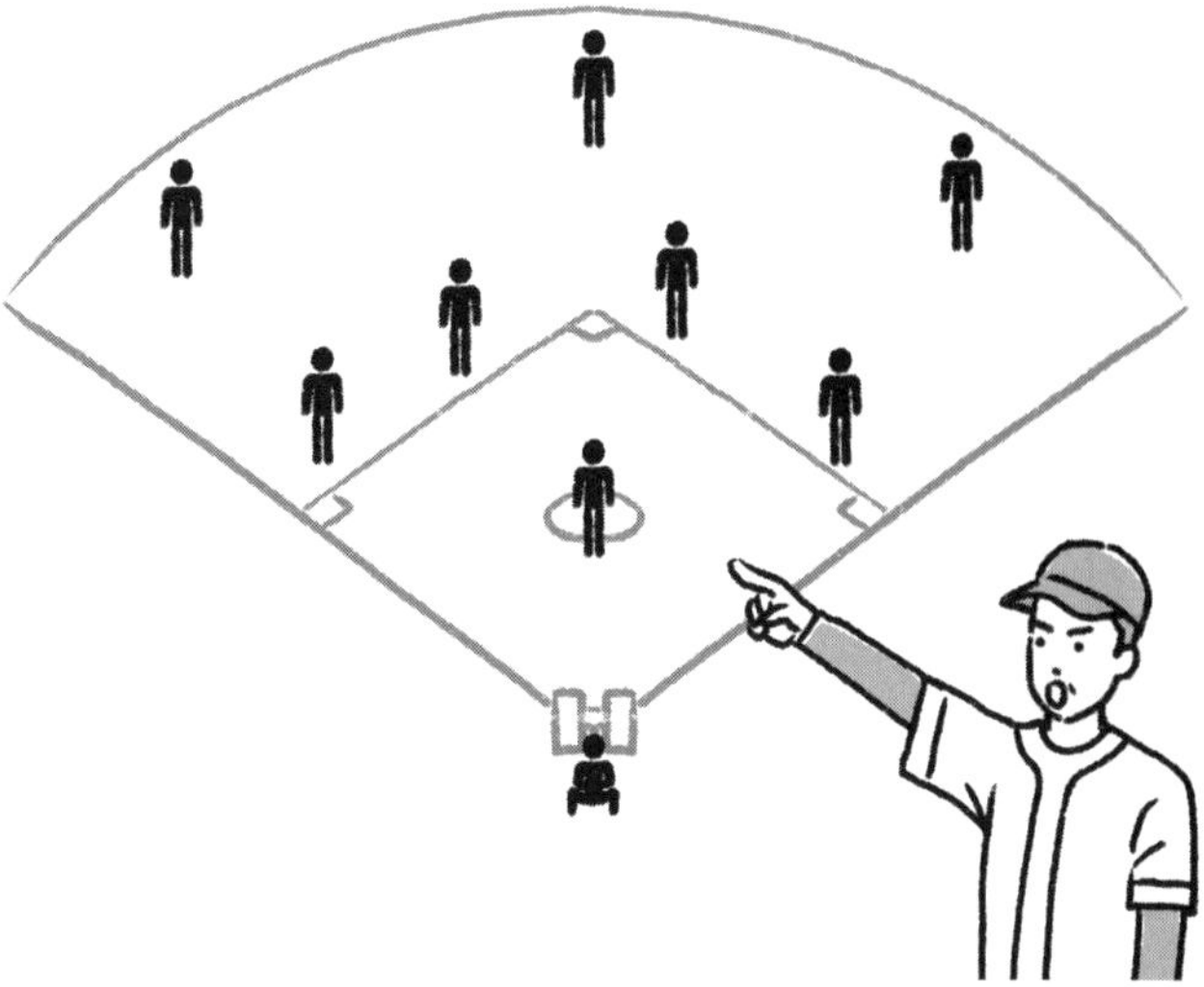

PART 1 社員にはそれぞれ役割がある

× 役割と行動がバラバラ

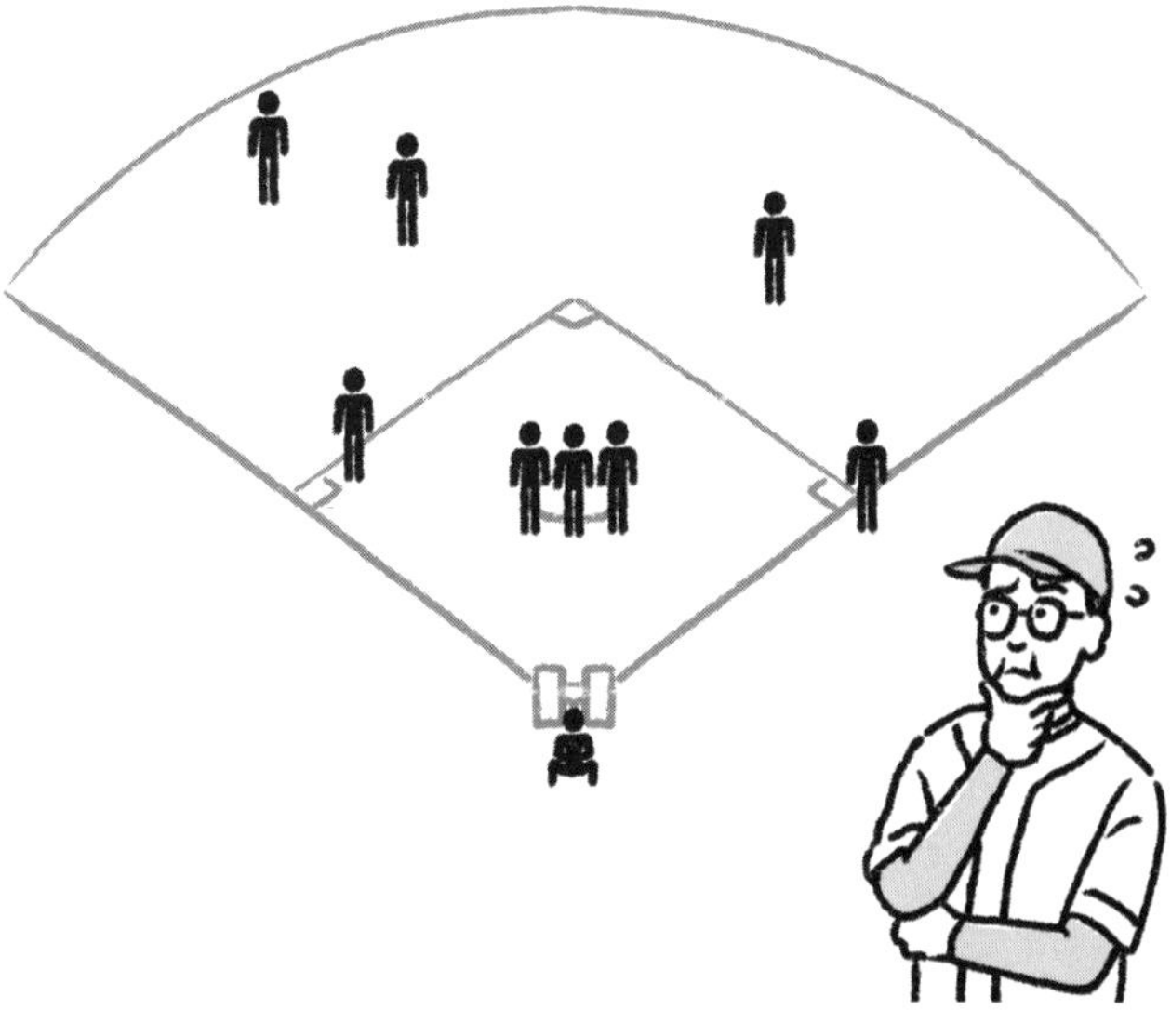

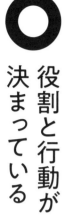

なぜ「明るく元気な人」を求めるのか？

「求める人材を明確にすること」

これは、企業が採用活動を始めるときの鉄則中の鉄則です。それでは、中小企業の社長や採用担当者に求める人物像を聞くと、どんな答えが返ってくるでしょうか？

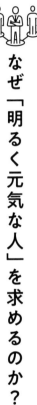

「明るく元気な人」

「やる気のある人」

「コミュニケーション能力がある人」

たいてい、こうした答えが返ってきます。ところが、これらはすべての業界、すべての企業、すべての職種で共通する人物像です。

それに「明るく元気」といった人間性は抽象的かつ感覚的で、客観性に乏しい。顧客と接するときは明るく元気に振る舞う人材が欲しいのか、それとも四六時中ずっと明るく元気な人材を求めているのでしょうか？　お笑い芸人は人前では飛びっきり明るく元気ですが、プライベートでは物静かで口数が極端に少ないケースがあることはよく知られています。そもそも、大手求人サイトでは「明るい人」「元気な人」はNGワード。客観的な判断ができない性格特性だからです。

やる気を考えても、やる気のない人なんて、誰も求めません。

私はある社長に「どういう基準で人を採用するんですか？」と聞いてみたところ、「直感です」という答えが返ってきました。直感というのも抽象的でわかりにくい。「その直感って、どうやって感じるんですか？」

と、さらに聞いてみました。その社長によると、相手と仲良くなって「この人だったらいいな」と感じたら雇うとのこと。こうした「感覚採用」の社長が多数派なのではないでしょうか。

なぜ、求める人物像を問われて、こうした答えになっていないような答えを返してしまうのでしょうか？

これこそ、仕事が分解できていないことの表れ。新たに採用する社員に、会社全体の業務のうちのどのパーツを任せるのかを明確にしていないから、どんな人が欲しいかの具体像が浮かばないのです。

経理担当者の採用を考えてみてください。本当に明るく元気な人が必要でしょうか？　たとえ物静かでおとなしくても、正確でスピーディーに事務処理する能力がある人材のほうが戦力になるはずです。

明るさ優先で経理スタッフを採用した結果、事務処理がいまいちだったとします。社長は人間性重視で採用したにもかかわらず、「何でミスばっかなんだ！」と怒り出すわけです。明るく元気にミスする経理スタッフよりもむしろ、暗くてもミスなく事務作業をこなすスタッフを雇うべきだったのです。

人間性だけを基準に何でもやってくれそうな人を雇った結果、入社後にエラーが起きるのです。社長が求めることと社員ができること。この2つの大きなズレを採用後に修正しようとするから、マネジメントが余計に難しくなるのです。

求人広告の落とし穴

ただ、社長の考えと入社する人材のズレが起きるのは、社長だけの責任ではありません。

社員を募集するとき、「リクナビ」や「マイナビ」といった大手転職サイトを利用することが多いでしょう。社長が求める人材を考えて整理していたとします。転職サイトの営業がやって来て、どんな広告にするのか打ち合わせします。そして「こう書いたほうが、応募者が集まりやすいですよ」と提案してきます。

たとえば、創業期の社長が経理スタッフを雇うなら、経験者が欲しい。自分では経理を教えられないからです。ところが、「経験者募集にすると、応募が集まりませんよ。未経験者歓迎にして、経験者は優遇にしましょう」と持ちかけてきます。なぜなら、あとで「全然応募がないじゃないか」とクレームが入るのを恐れるからです。

その結果、実際に掲載する求人広告は「未経験者大歓迎！」を全面に打ち出して、「誰でもいいですよ」といったニュアンスのものになるのです。

笑えるのですが、私自身、そのような営業の提案に乗ったことがありました。その結果、求人広告を掲載した時点で私が欲しい人材と応募してくる人材のズレが生じてしまいました。

事務という職種1つ取っても、社長がやらせたい仕事と応募者がイメージする仕事が完全に一致することはありません。

求人広告の段階では応募を募る書き方になったとしても、少なくとも面接でリアルな仕事内容を伝えなければなりません。

ところが面接でも、何十万円もかけて求人広告を掲載したからには、何とか雇おうと考えます。

「こういうふうに言ってしまうと、来てくれないよな」

と考えて、いいところばかりを伝えてしまいます。当然ですが、応募者も自分の良い面をアピールします。

お互いにいいふりをするのです。

その結果、入社後に社長は「あいつはできると言ったから採用したのに、できなかった」と怒り、社員は社員で「社長にだまされた」と憤ります。

そもそも入社時点から社長と社員の意識のすれ違いが起きているのです。そうならないためには、仕事を分解して、社員に任せるパーツを明確にするしかありません。

野球は9人の役割が違う

仕事を分解するといっても、何からどう分解したらいいのかイメージがわかないかもしれません。

私は自分の会社の各院長には「野球を分解してみて」とよく言っています。サッカーでもかまいません。慣れ親しんでいるスポーツを題材にして仕事を分解させるのです。

野球のプレイヤーは9人で、それぞれポジションがあります。ザックリ分けると、ピッチャーとキャッチャー、内野、外野の4つ。

内野はどんな役割があるかといえば、内野ゴロを捕ってすばやくファーストに送球してアウトにすること。外野は飛んできたフライをキャッチしたり、ゴロをキャッチして内野に返球したりします。ピッチャーは、投球専門で、バッターとしての能力は求められません。指名打者制のあるパ・リーグなら、ピッチャーは打席にすら立ちません。

トッププレイヤーが集まるプロ野球ですら、完璧な役割分担によってチームが成り立っています。ピッチャーに対して「投げるだけじゃなくて、打っても3割くらいの成績を残せ！」などとは誰も言いません。それぞれの役割を果たすことで強いチームが出来上がるのです。

仕事を分解するとは、この野球チームのイメージです。

分解した仕事を割り振っていく

社長は自分がこなしている仕事を意識したことがないかもしれません。仕事を分解することの大切さはわかっても、意外と分解するのは難しいものです。

まずは、自分がやっている仕事をすべて洗い出してみましょう。

紙に書き出したうえで、カテゴリー分けしていきます。

たとえば整骨院の場合、院内の掃除、患者さんの受付、患者さんへの治療、患者さんの最後のご案内といったカテゴリーに分けられます。さらに、治療なら、首や肩、腰、膝などに分解できます。

どの業種でも同じように仕事を分解してカテゴリー分けできるはずです。

1人目の社員を雇うのは、社長1人では手一杯になってきたから。自分が手一杯になっている状況を把握したうえで、誰かを雇ったときにどの仕事なら簡単にこなしてもらえるかを選ぶ必要があります。

ただし、経営者がやるべき仕事は手放さないことです。

整骨院でいえば、一番大切な商品は整体という手の技術。これは最も責任が重い仕事ですから、一番仕事ができる人間がやらないといけません。つまり、社長がやるべきです。

受付でのあいさつももちろん大事ですが、そこは社長が自らやるよりも、気立てのいい社員に任せたほうがお客さん受けがいいかもしれません。治療のあとのご案内やお会計も、必ずしも社長がやる必要はありません。

仕事を分解して、重要度の低いことから任せていけばいいのです。そうすれば、1号社員もスムーズに仕事に入れます。

会社の規模が大きくなってきたら、仕事をよりこまかく分解していきます。たとえば、会計処理やマーケティングなども分解していくことになります。

そして、分解した仕事を、どの役割の人が担当するかを決めていきます。

社長の役割、院長の役割、受付スタッフの役割を明確にして、分解した仕事を割り振っていきます。たとえば掃除という仕事なら、誰がやってもそんなにクオリティーは変わりません。それなら、幹部がやらなくていい。一般の社員に任せればいい。簡単で重要度が低い仕事は、役職が下の人たちに任せていきます。

役割と行動が決まったら、あとはやるかやらないかだけの話です。やるべきことをやっていなければ、本人も自覚できます。

役割と行動を一致させる

野球でいえば、仕事を分解してみたらピッチャーが2人いた、ということが起こりえます。本来は内野手なのに、でしゃばって投手をやってしまうといったケースです。ボールを投げるという行動はピッチャーも内野手も同じです。しかし、役割が違います。この役割を見失うと、いざ「打者にボールを投げて」と指示すると、ピッチャーになりたい選手がマウンドに3〜4人集まってしまうのです。

たとえばファーストの主な役割は、内野からの送球をキャッチして打者をアウトにすること。そのための行動は、ショートバウンドでも確実にキャッチすること。もし、ファーストが出しゃばって投手に球種のサインを出したら、現場は大混乱です。

その行動はその役割に合っているのか?

その役割の人がその行動を取っていいのか?

こうしたことをチェックすることが大切です。

小さな会社は「一人一役」とはいかない

ここで問題になるのは、小さな会社は野球をやるにしても9人そろわないということ。5人で野球をやるとなると、一人二役くらいこなさなければなりません。

たとえば受付。一人社長が1人目の社員として受付を雇ったとしても、「受付の仕事だけやってね」というわけにはいきません。1日の勤務時間8時間をかけるほど受付の仕事量がないからです。小さい会社では、どうしても1つの専門的な業務をやっていればいい、というわけにはいきません。「事務も、経理的なことも、掃除もやってね」とならざるをえません。「せっかく給料を払うんだから、それに見合うだけの仕事をやってほしい」というのが社長の本音。いつのまにか、社長は「あれもやってほしい」「これもやってほしい」と欲張るようになって、社員がこなし切れないという状況に陥ります。

しかし、仕事をこまかく分解して書き出してあれば、何をどこまで任せているかを把握できます。もし、受付スタッフがオーバーワークになっていると感じたら、小さな仕事を1つ取り除いてあげればいいのです。仕事を分解してあれば微調整できます。

大手企業の新入社員ですら、入社してしばらくは研修期間です。この間、会社の利益に1円も貢献しません。現場に配属されてからも、しばらくはＯＪＴが続きます。半年くらい会社の利益に貢献しないケースはザラです。

小さな会社ではそこまでの余裕はないかもしれませんが、新人に高負荷をかけて辞められてしまっては、それこそ採用コストが全額ムダになります。社員の様子を見ながら分解した仕事を任せていくしかありません。

プレイヤーとマネジャーの役割の違いを明確にする

社長がやりがちなのは「できるからやって」と軽い気持ちでプレイヤーの社員にマネジメントの仕事を乗せてしまうこと。社員の仕事ぶりを見ていて、「これくらいはできるよね」と頼んでしまうのです。

たとえば整骨院でいうと、治療を一生懸命やって、治療家として数字を大きく伸ばしてきた社員がいるとします。「それなら院長をやってよ」となりがちです。ところが、プレイヤーとして優秀だった人間が院長になると、部下のプレイヤーの力を引き出すことよりも、自分自身がプレイヤーとして認められようとします。ここに大きなエラーが生じるのです。

プレイヤーとして優秀でも、マネジャーとして優秀とは限らないのです。

社員本人も勘違いします。

今まで自分の仕事ぶりが認められていると、役割が変わっていることに自分自身がついていけません。役割も行動も変わっていることに気づかないのです。本人は「よし、院長になって、プレイヤーとしてもっとがんばって売り上げを伸ばそう！」と思ってしまいます。ここに社長と優秀な社員との意識のギャップが生まれます。

社長は「あいつはわかっていない」と腹を立て、片や院長は「社長はオレを評価してくれない……」と不満を募らせます。

プレイヤーからマネジャーに昇格すると、やることが増えるという単純なことではありません。

自分が動く役割から、部下を動かす役割へと変わるということです。院長のやるべき仕事が量的に増えるのではなく、質的に変化するのです。

プレイヤーとマネジャーの役割を明確にしなければなりません。

労働集約型＆店舗型ビジネスは組織拡大が難しい

ビジネスの要素を大きく分けると、「集客・マーケティング」「営業・販売」「商品・サービス」の3つです。

整骨院の仕事は、商品が自分自身。治療家が治療して収益を上げます。だから、自分みがきがきわめて重要です。機械化や効率化には限界があるのです。整骨院のような人の労働に依存した「労働集約型」のビジネスは、生産性を高めるのが難しい。

インターネットビジネスなら、社員2～3人でも年間数億円を売り上げることも可能でしょう。しかし、労働集約型のビジネスモデルでは、そうはいきません。

このため、労働集約型ビジネスは、組織を大きくするのに時間がかかります。商品である人を育てなければならないからです。

整骨院は、労働集約型に加えて小規模店舗型のビジネスでもあります。院長をはじめとするスタッフ数人の小さい店舗を展開していきます。この小さい集団を増やすことで、会社全体の規模を拡大しなければなりません。

同じ店舗型でも、コンビニエンスストアは組織が巨大化しています。あれは、社員による組織ではなく、フランチャイズ化しているからです。

整骨院にもさまざまな形態がありますが、社員が早く成長しているところは、商品ラインナップをできるだけシンプルにしています。

整骨院にお見えになる患者さんには、神経痛や肩こり、ヘルニア、五十肩など、いろんな症状があります。治療家がこれらすべてを診られるようになるには、10年、15年かかります。しかし、規模が拡大している整骨院では「肩こりと腰痛」といったようにサービスを絞り込んでいることが多い。そうすれば、社員を早く育成できます。

労働集約型で生産性を上げるのが難しく、人を育てないといけない整骨院経営では、スモールビジネスが抱える課題が色濃く出てくるのです。

「社員は家族」は甘えにつながる

「社員は家族」を公言している中小企業の社長が少なくありません。

私自身、ずっと社員は家族だと思ってやってきました。

しかし、それでは社員に甘えが生まれることに最近気づきました。

「ついついみんなの努力を評価しちゃうけどさ、僕も変わるわ」

「みんなの努力は認めるけど、意味のない努力を認め出したら会社って、うまくいかへん。みんなが何でこの会社でがんばるかというと、もっといい環境が欲しいからやろ。だから、僕たちは考え直そう」

そう話しています。

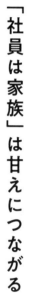

社長が「社員は家族」を掲げると、「助けてほしい」と思う人しか集まってきません。
家族だから許されるだろうという甘えがどこかに生まれます。
「一緒に挑戦しよう！」と言うと、同じ夢に向かってがんばろうという人たちが集まってきます。

人と人は影響し合います。

「社員は家族」という考えを否定するつもりはありませんが、家族だとしてもきちんと役割と行動を明確にすべきです。

企業とは、あくまでも社会で価値あるものを提供した見返りにお代をいただく存在。組織を大きくするなら、できる社員に育てなければ、いつまで経っても社長が社員の面倒を見なければなりません。しかし、それは不可能です。

親ですら子どもの自立を促して突き放すことがあるのですから、社長は社員に成果を求めてしかるべきです。

ただ、かつては家族だと言っていたのに、急に「家族じゃない」と言い出したら、社員たちは驚くでしょう。私は、少しずつ強く言うそぶりを見せるようにしています。

子どもが親離れするよりも、親が子離れするほうが難しいと言われます。

社員のためにも、会社の将来のためにも、お互いに甘えない関係づくりが大切です。

○

適材適所を
判断できる

キミは営業
あなたは経理

PART 2 イライラするのは自分の「分身」を求めるから

×

思い通りに動く
社員が欲しい

営業も経理も全部やれ!

自分の分身を求めていませんか？

社長は創業以来、がむしゃらに走ってきたことでしょう。

野球でいうと、全ポジションをこなしているのが創業社長です。ピッチャーやキャッチャー、内外野にとどまらず、監督もコーチもこなします。下手すると、審判までこなしています。

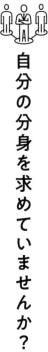

一人社長は、社員を雇ってもこの感覚がなかなか抜けません。ファーストとして入ってきたスタッフに「セカンドもやってくれ」とつい頼んでしまうのです。社長にとっては、ファーストはショートやキャッチャーに比べれば簡単なポジションかもしれません。しかし、社員にとってはファーストの役割と仕事を覚えるだけで精一杯。

野球にはたくさんのポジションがあることくらい、社長はわかっていると思うかもしれません。ところが、それすら忘れていることも多い。だからイライラするのです。「何でやってくれないんだ？」といら立つのです。社長は、自分と同じパフォーマンスとはいかなくても、自分の手足となって動いてもらいたいと思ってしまいます。

つまり「自分の分身」を求めてしまうのです。


社長の「これくらいやってほしい」。

社員の「これくらいやればいい」。

この2つには、想像以上の差があるのです。


私自身、仕事を分解できていないころは感情的になったこともありました。たとえば、それなりの給料を払っている院長に対して、質も量も自分と同じような仕事を求めていたのです。自分が仕事を分解できていないことを人のせいにしていました。

これは私自身の未熟さが原因です。仕事を分解して言語化する力がなかったから、根性論で仕事をさせていた面がありました。

仕事を分解することによって、社長自身が冷静になれるのです。

パズルにオールマイティーなピースはない

パズルには、オールマイティーなピースはありません。

これと同じように、会社にもオールマイティーな人材はいません。いるとすれば、社長だけです。

社員はオールマイティーではありませんが、必ずどこかに当てはまるピースです。社員一人ひとりには何かいいところがあるはずです。

しかし、どこかに当てはめるには、社長が自社の仕事の全体像を具体的に見えていないといけません。それが見えないから、社長はパズルのピースを本来の場所とは違う所に当てはめようとするのです。それでは、はまるわけがありません。

自分の分身として自分が思う通りに動いてくれる人材を有能と判断するのか。それとも、あるポジションに必要なスキルを持つ人材を有能と判断するのか。

もし、自分が思う通りに動いてくれない人材を「あいつは無能だ」と考えるなら、それは、パズルのピースを当てはめられない社長自身が無能なのかもしれません。

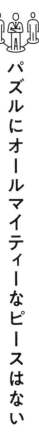

売り上げを伸ばして、会社を立ち上げて、利益を上げてきたという意味では社長は有能です。

しかし、それでは組織のトップではなく、自分1人でやっているスーパープレイヤーにすぎません。だから組織が広がらないのです。

大手企業の雇われ社長は、会社と自分はまったく別ものです。ところが、零細企業のオーナー社長は「会社＝自分」という感覚が強い。「会社は俺のもの」という意識です。だから「俺がやれと言ったことは文句を言わずにやれ」というスタンスを取ってしまうのです。社員は文句の1つも言いたいところですが、ぐっと飲み込むしかありません。

会社は分業制であることをわかっていたはずなのに……

一人社長がすべての役割をこなしてきたのは、そうせざるをえなかったからです。社員がいなければ、自分でやるしかありません。

社長自身もサラリーマン時代、与えられた役割の仕事だけをこなしていたはずです。

たとえば営業を担当していたなら、売り上げや粗利を上げるという役割を果たすために、顧客へのアプローチや商談、クロージングに奔走していたことでしょう。経費精算などの事務作業が多少、おざなりになっても大目に見てもらっていたはずです。営業としての成果を出してさえいれば、評価されたことでしょう。

社長自身、会社員時代は分業制の中で仕事していました。

しかし、与えられたポジションや仕事だけでは物足りなくなって、「もっとやりたい」「もっと収入を上げたい」「自由にやりたい」という思いが募り、起業するわけです。

起業の際の役所への届け出から何からすべて自分でやっていくうちに、「こんなに大変なんだ……」「こんなにいろいろやらないといけないんだ……」「経理、超メンドクサイ」と気づかされて、いつのまにか激務の中ですべてをこなすのが当たり前になってしまうのです。

サラリーマン経験のある社長なら、分業制のもとで会社が成り立っていたことを知っています。ところが、いざ起業して必死ですべてをこなしていくうちに、そのことを忘れてしまうのです。

「何でこんなに給料を渡さなければならないんだ？」

中小企業の社長には、次のような感覚があります。

会社の売り上げ＝自分のお金

お金を社員に渡すとき、自分の仕事量と社員の仕事量のギャップが許せない。
「全然仕事していないのに、何でこんなに給料を渡さないといけないの？」
という疑問がわくのです。この意識が会社経営に大きな影を落とします。

ＰＡＲＴ１で触れたように、会社はいろんな役割の人で成り立っていますが、大きくプロフィットセンターとコストセンターの２つに分けられます。プロフィットセンターは、営業をはじめ、利益を生み出す部門。片やコストセンターは、総務や経理など、利益を生み出さないバックオフィスなどです。

社長は自分の腕一本で売り上げを伸ばしてきました。組織を大きくするためにはバックオフィスが必要であることは頭では理解しています。ところが、「お金を稼ぐ人が一番偉い」という意識が抜け切らないのです。

ましてや社員に給料を渡すということは、自分の懐に一度入ってきたお金を出すことになります。それなら、そのお金に見合った仕事をしてほしいという思いがあります。


経営者は、自らを高めるためにセミナーや勉強会に参加しているはずです。

そうした場にお金を払って得たスキルを、今度は無償で社員に伝えていきます。これも、割り切れない思いが生まれる要因になっています。

社長も社員もいっぱいいっぱい

社長は、常に市場から試されています。

一人社長の場合、常に1人で市場と対峙して、ビジネスを軌道に乗せてきました。ところが、社員に仕事を渡すようになると、顧客からの評価が下がり、市場とのバランスが崩れてしまいます。恐ろしいことに、売り上げが下がってしまうことすらあるのです。

社員を雇うことによって、本来、成し遂げたいことが、かえって遠ざかっていくのです。

社長は自分自身の価値を下げたくない。妥協できない。だから、社員に厳しく当たるようになります。社員に自分と同じレベルの仕事をさせようとするのです。

ひどい社長になると、自分ができないことを社員にさせようとします。これは、顧客にどれくらいのクオリティーのサービスを提供するかを明確にしていないことが原因です。

社長は、社員にどんどん厳しく当たるようになります。

「あいつはできない」
「あいつはダメだ」
「あいつは根性ない」

あなたも、そんな言葉を口にしていませんか？　これは組織崩壊の危険信号。社長はいっぱいいっぱいです。それを耳にする社員もいっぱいいっぱいになるのです。

同じフレーズでも、語尾のトーンで伝わり方が違う

ＡＮＡの外部向け接遇研修では、顧客を安心させるための声のトーンまで指導するそうです。同じ内容の話をしても、声のトーンによって伝わり方がまるで違うからです。

社員が何かミスしたり、エラーが起きたりしたとき、原因を解明します。それ自体はいいことですが、「何でミスったの？」「何でできなかったの？」とつい強い口調で問い詰めてしまうことがあるでしょう。

こうしたフレーズは、イントネーションによって善にも悪にもなります。社長は常に時間に追われているので、思わず強い口調になって、社員からすれば責められていると受け取られかねません。

「何でできなかったの？」

このひと言も、語尾のトーンを上げればやわらかい感じに伝わります。

「何でできなかったの！」

と語尾のトーンを下げると、きつい言い方になります。イライラした社長は後者の言い方になりやすい。

子育てしていると、子どもが言うことを聞かないと、カッと頭に血がのぼることがあるでしょう。これと同じように、自分の言うことを聞かせるために強い言い方になることがあると思います。

同じことを社員に話すにしても、声のトーンを少し変えるだけで伝わり方が和らぐのです。

「言わないでもわかるだろ」は言わなきゃわからない

社長が「赤いクルマを取ってきて」と社員に指示したとします。

社員が持ってきたクルマを見て、社長が「これはピンクだろ！」「何でボーダーの赤白なんだよ！」ということがよく起こります。しかし、社員は赤だと思って持ってきています。「赤」と伝えるだけでは、人によってどのような赤か異なる可能性があるのです。「濃い赤とピンクっぽいのがあるけど、濃い赤のほうを持ってきて」「ボーダーじゃないほうを持ってきて」と細部まで言語化して伝えなければなりません。そうしないと、社員は自分が求めている赤いクルマを持ってきてはくれません。

社員に買い物を頼んだときも、同じようなことが起こります。たとえば、プリンターのインクを買ってくるように社員に頼んだとします。社員は家電量販店の店頭で互換インクを見つけ、「こっちのほうが安い」と購入して帰ってきました。ところが、会社に戻ると、社長に「互換インクを買ってこいなんて言ってないだろ。純正インクじゃないと目詰まりするんだよ」と、怒られてしまうというパターンです。

社員は「こっちのほうがコストダウンできる」と、気を利かせたつもりです。たとえ間違っていても、社員の善意を承認してあげないといけません。ところが、社長は「何でこれを買ってきたの?」と否定してしまうのです。

「その気持ちはありがたい。ただ、ごめんな、俺の伝え方が悪かった。こういう理由で純正を買ってきてほしかったんだ」と伝えるべきです。そうすれば、社員は次に何か買ってくるときに必ず確認するようになります。

現場は、時間がない中で緊急性が高い仕事に追われています。なかなか先を見て配慮することができません。社長が率先して言語化しないと、必ず認識のズレが起こるのです。放っておくとズレが大きくなって、社長が許容できないレベルになると、感情的に怒るのです。

社長がスーパープレイヤーとしてすべてをこなしているかぎり、自分の仕事を言語化する必要はありません。「サッとやって、パッと片づける」という感覚でいいのです。しかし、社員を1人でも雇ったら、仕事を言語化しないと相手に伝わりません。これでもかというくらい具体的に言語化しないと、認識のズレが起きます。

そこまで詳細に言語化するのは面倒くさい。以心伝心で伝わってほしい。だから、社長は優秀な人材を採って言語化をショートカットしたい。1から10まで言わなくてもいい人を採りたい。

ところが、優秀な人材を採れば言語化問題が解決するかといえば、そんなことはありません。たとえ優秀な人材を採れたとしても、同じことが起きます。なぜなら、社長の指示が悪いからです。社長が仕事を分解して言語化していないと、同じことが起こるのです。

むしろ、優秀な人ほど明確な言語化を求めてきます。

指示を具体化するだけで、社員はすぐデキるようになる

整骨院の外に、ブラックボードが置かれているのを目にしたことがあるかもしれません。「骨盤矯正」「腰痛」「スタッフ紹介」など、店舗によってさまざまな内容が手書きで記されています。通りがかりの人があのブラックボードをご覧になって来院されるのはよくあること。ブラックボードは重要な集客ツールです。

私は院長時代、週1回、自分でブラックボードを書き換えていました。あるとき、「この仕事って、自分じゃなくてもよいのでは?」と思ったのです。そこで、受付スタッフに時間が空いているときに書いてもらうことにしました。私が書く文字よりも、女の子の字のほうがお客さんに与える印象もいいと思いました。

ところが、私が書いたら30分もかからないのに、その子は1時間半もかかったうえに、内容もあまり上手ではありませんでした。その受付スタッフは一生懸命に書いてくれたことがわかったので、「ありがとう」とだけ伝えました。

出来が悪いブラックボードを目にしたら、「何でこんなに時間がかかるんだ?」「これじゃお客さんは入ってこないよ」と言ってしまいがちです。しかし、ブラックボードの出来が悪かったのは、私が出した指示が悪かったのが原因です。もっと具体的に指示を出すべきでした。

たとえば、「ドラえもんの絵を描いて」と頼まれて、正確にドラえもんを描けるでしょうか? しかし、実物のドラえもんを見ながらなら、誰でもドラえもんに似たイラストを描けます。

私はインターネットで「整骨院　ブラックボード」で画像検索して、その結果を彼女に見せました。

「こんな感じのを書いてほしいんだけど、どれくらいで書ける?」

「これでいいんだったら30分もあったら書けますよ」

「そうだよね。じゃ、やってくれる?」

「わかりました」

すると、受付スタッフはわずか30分で合格点のブラックボードを仕上げたのです。

指示を具体化するだけで、アッという間に社員の仕事のクオリティーが上がるのです。

考えることが仕事ではない

「自ら考えて行動しろ」

「指示待ち族はいらない」

これらは、経営者からよく発せられるフレーズです。

私も、その通りだと思います。自ら考えて行動できるに越したことはありません。

しかし、最初から自ら考えて行動できる人材がどれだけいるでしょうか？　社長自身、最初から自ら考えて行動する自走型の人間だったのでしょうか？　かつては指示待ちだった側面があったはずです。自分が上司に怒られた経験を忘れてしまっているのではないでしょうか。

自ら考えて行動できるようになるのは、言われたことができるようになったあとのステップです。

仕組みややり方は社長や管理職が考えればいい。社員たちにまず求めるべきは、考えることよりも、言われたことをきちんとやり遂げること。そのほうが、社員たちも楽しく仕事ができると思います。

ドラえもんを見ながらドラえもんを描けるようになったら、プラスアルファで自分なりの工夫を加える方向に持っていくのです。

たとえば、何も教えずに院長にブラックボード書きを任せると、受付スタッフがそうだったように1日がかりになります。何を書けばいいかわからないので、治療そっちのけでスタッフと相談し始めます。スタッフと一生懸命考えて書いたブラックボードに満足してしまうのです。

みんな、一生懸命に仕事をしています。

しかし、間違ったことを一生懸命にやってしまうことが少なくありません。あるいは、考えること自体に価値を見出してしまって成果物の出来具合につながらないことも多い。

社員が考えなければ結果が出ないやり方よりも、考えなくても結果が出る仕組みを考えることが大切です。

自分で言語化できないなら、代弁者に任せる

実は、社長が仕事を分解して言語化できていなくても、うまくいっている組織は存在します。

それは、社長の考えを言語化できるナンバー2やナンバー3がいる組織です。

社長に「あれやっといて」「この提案書、もうちょっとクリアな感じにしてよ」という感覚的な言葉の意図をくんで、具体的に言語化して、社員たちに落とし込む幹部がいればいいのです。多くの場合、そうした幹部は社長と10年くらい苦楽を共にしています。

10年連れ添った幹部は、社長の喜びポイントも怒りポイントも熟知しています。何かエラーが起きても、社長に知られる前に、社員たちとやり取りして先回りして解決することができるのです。

ただ、10年連れ添えるような人を見つけるのは簡単ではありません。見つけようと思って見つけられるものでもありません。運良く見つかったとしても、以心伝心の域に達するまでにこれから10年かかります。組織を大きくしていくには、社長自身が変わって的確に指示を出せるようになったほうが手っ取り早いのです。

そうはいっても、言語化して伝えるのがそれほど得意でない社長もいるはずです。

それなら、ナンバー2とまではいかなくても、自分と社員の間のポジションをつくって人を配置することです。つまり、中間管理職的な存在です。ナンバー2を採用するよりはこのほうが現実的です。

管理職を飛ばして一般スタッフに直接注意はしない

私が現場に行って、社員2人と話していたときのことです。私の整骨院では、はじめてお見えになった患者さんの問診や検査に時間を取ります。どんな症状かこまかく把握するためです。30分聞き取ってから30分施術するというのが基本ルール。多少は時間が長引くことがあるので、枠は1時間15分に設定しています。

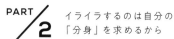

ところが、現場に行ってみると、15分長い1時間30分の枠を押さえていました。私の院では治療の種類によって15分枠や30分枠がありますが、本来なら15分枠ですべき治療を30分枠で行っていることもわかりました。

私はルールは徹底させるべきだと考えましたが、社員たちがそうしているには何か理由があるはずです。社員たちに聞いてみると、「治療が長引いたら、次の患者さんをお待たせしてご迷惑がかかるから」とのことでした。

患者さんを思うその気持ち自体は尊いことです。しかし、私たちは15分枠と30分枠で料金を設定して商品化しています。時間を伸ばしても料金を変えなければ、商品価値を下げて提供しているのと同じです。

私はこれを改めるべきだと考えましたが、その場で直接注意はしませんでした。

「そうやねんな、たしかに患者さんを待たせるとよくないな」

と、社員を肯定したうえで、次のようにやんわり伝えました。

「ただ、商品自体の価値を現場で勝手に下げて提供するのは、自分たちにとっても患者さんにとってもよくないんじゃないかな」

ルールやマニュアルをつくっても、現場判断で少しずつズレが生じてきます。ルールをつくるのは社長ですが、組織が大きくなってくると、社長の目が現場の隅々にまで届くわけではありません。とりわけ店舗型ビジネスの場合、複数の店舗を持つと社長の目が届きにくい。中間管理職を通して社長の考えを浸透させる必要があるのです。私は院長に連絡して、ことの経緯を伝えました。院長からは「ちゃんと教育しておきます」という返信がありました。

もし私が注意してしまったら、一般社員は院長の言うことを聞かなくなります。それに、上司と私の両方から注意されたら、一般社員はたまりません。

私が注意してしまったら、上司も上司の役割を果たさなくなります。上司が「社長がやってくれるから」と依存してしまうからです。

管理職を置いたならば、社長自ら一般社員に注意するのはできるだけ避けたほうがいいでしょう。

利己的な社長、利他的な社長

仕事を分解できないのに人が集まる社長には、もう1つのパターンがあります。

それは、平たく言うと、人格者です。たとえ社員が思い通りに成長しなくても、声を荒げることなく、我慢強く指導するような、他人に厳しくない社長です。自分自身が組織のトップとして足りない部分があることも自覚している社長です。

人間ができている社長は、仕事のやり方をわかりやすく伝えることができなくても、人としての「あり方」を伝えられます。自らの振る舞いであり方を示すこともできます。そんな社長なら、仕事を分解できなくても、社員はついてきます。

それでは、人間ができているとは、どういうことでしょうか?

「利己的」か「利他的」かが分かれ目になるというのが私の考えです。

利己的な人間は「俺が俺が」と自分の利益を優先します。自分中心で考えると、物事を相手に伝えるときも、つい感情が入ってしまいます。

一方、利他的な人は、自分を犠牲にしてでもまわりの人の利益を優先します。人間ができている社長とは、つまり利他的だということ。自分のことより社員のことを優先して考えるような社長です。

ただし、現実的には利他的な社長なんてごくわずかです。というのも、起業する人は多かれ少なかれ利己的だからです。会社や組織に属するのではなく、独立して自分のやりたいことをやろうということ自体、利己的です。社長になる人は人を支えるタイプではなく、自ら引っぱるタイプです。

社長は利己的だから、つい暴力的な言葉を発してしまうのです。知らぬ間に自分の分身を求めてしまうのです。このことを自覚するだけでも、社長の振る舞いが変わるはずです。

「自分の会社」から「みんなの会社」へ

会社を経営していると、どんなに利己的な社長でも「自分1人では何もできない」ということを思い知らされる出来事が必ず起こります。とりわけ労働集約型のビジネスは、社員がいなければ事業は拡大しません。それなのに、社長は雇われる側の視点が希薄になりがちです。すると、社員が離反して、組織がなかなか大きくなりません。

それでも社長が踏みとどまるためには「自分は本当に何がしたいのか？」を明確にするしかありません。利己的な自分の根っこにある真の欲求を見つけることが大事です。それがないと心が折れてしまいます。

社長は日々、自分が本当にやりたいことと自分の器が試されているのです。

会社を自分の人生の写し鏡と思っている創業社長が多い。

つまり「会社＝自分」です。

組織が大きくなるにつれて、多様な個人が集まった集団であることを受け入れなければなりません。「自分のもの」という感覚だけでは会社は成長しません。

そのことを理解すれば、自分の分身を求めることをやめられるのではないでしょうか。

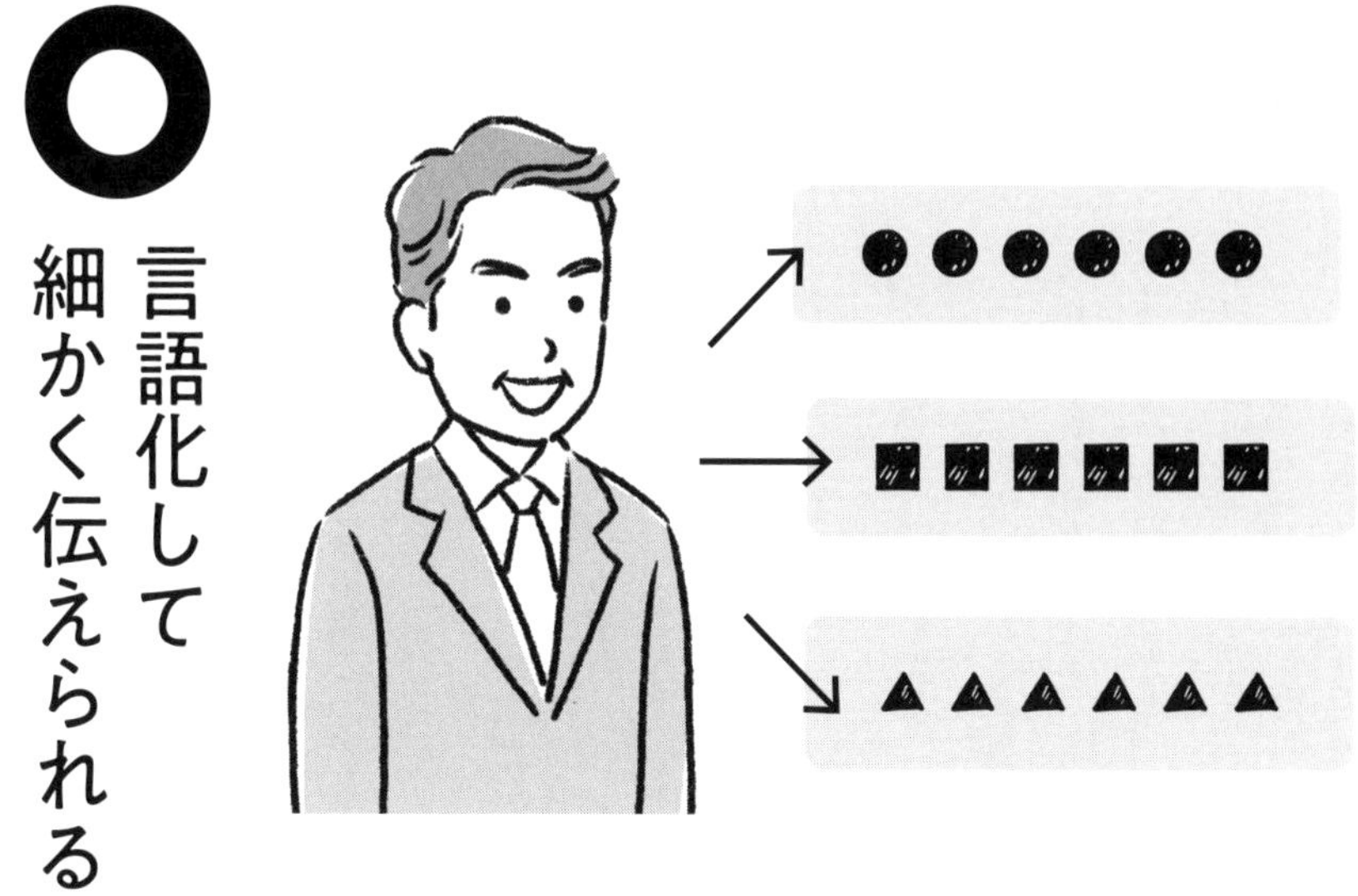
○
言語化して
細かく伝えられる

PART 3 「見て覚えろ」では覚えられない

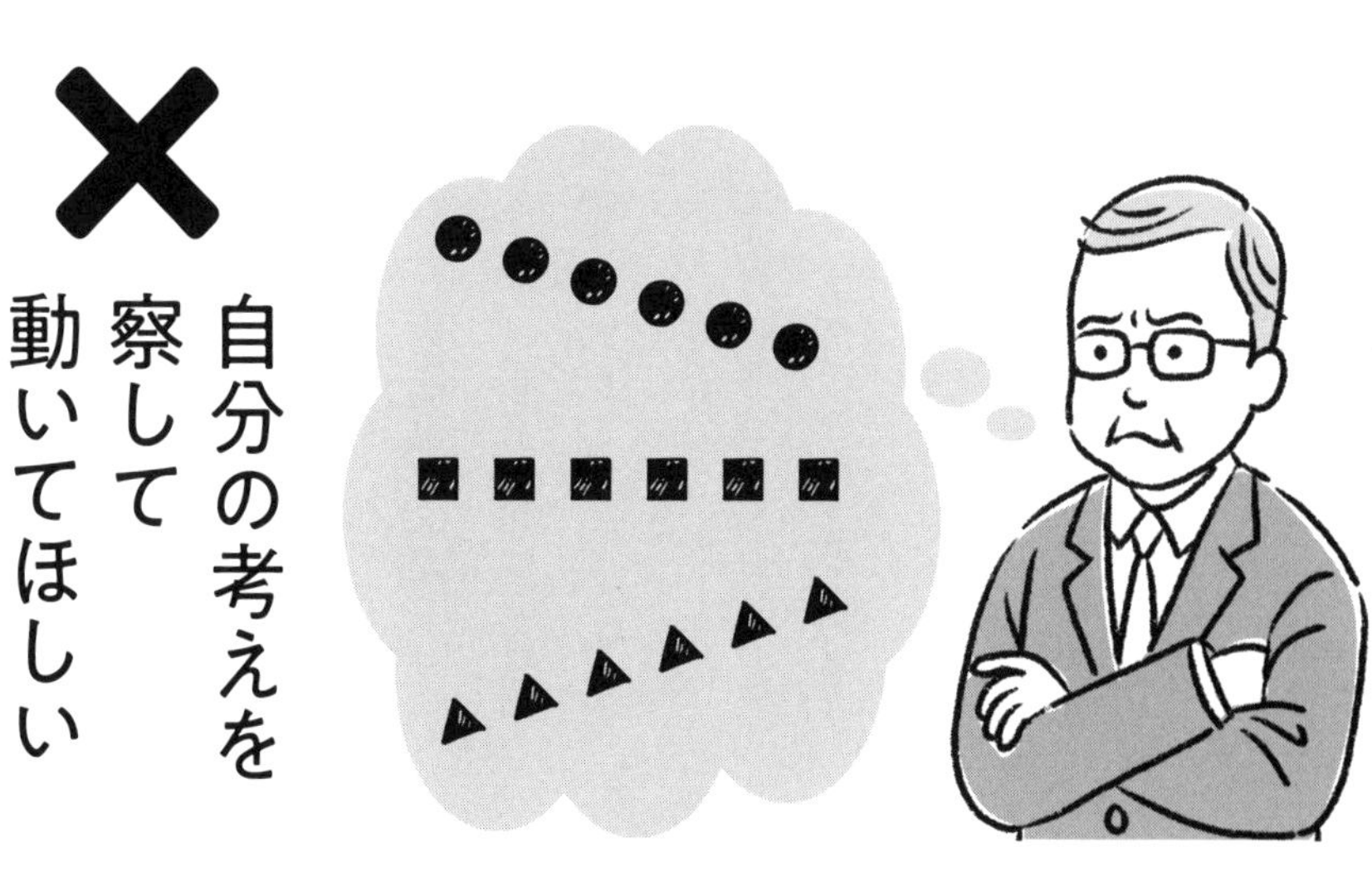
×
自分の考えを
察して
動いてほしい

空前の人手不足時代がやって来た！

今、日本は空前の人手不足時代に突入しています。求職者１人に対して何件の求人があるかを示す有効求人倍率は２００９年を底に、右肩上がりで上昇してきました。コロナ禍でいったん下落しましたが、再び上昇トレンドに入っています。高度成長期の１９７０年前後やバブル期の１９９０年前後に匹敵するか、それ以上の売り手市場になっているのです。

帝国データバンクの調査では、２０２３年4月時点で「正社員が不足」とした企業は51・４%にのぼりました。４月は新卒社員が入社したタイミングなのに、半数以上が正社員不足なのです。しかも、４月としては過去最高の数字でした。

少子化によって、生産年齢人口（15〜64歳）は１９９５年の８７００万人をピークに減少に転じており、２０２２年には７５００万人にまで減りました。少子化が止まっていないことから、今後も減り続けると予想されます。

日本では、働き手がものすごい勢いで減っているのです。

有効求人倍率と失業率の推移

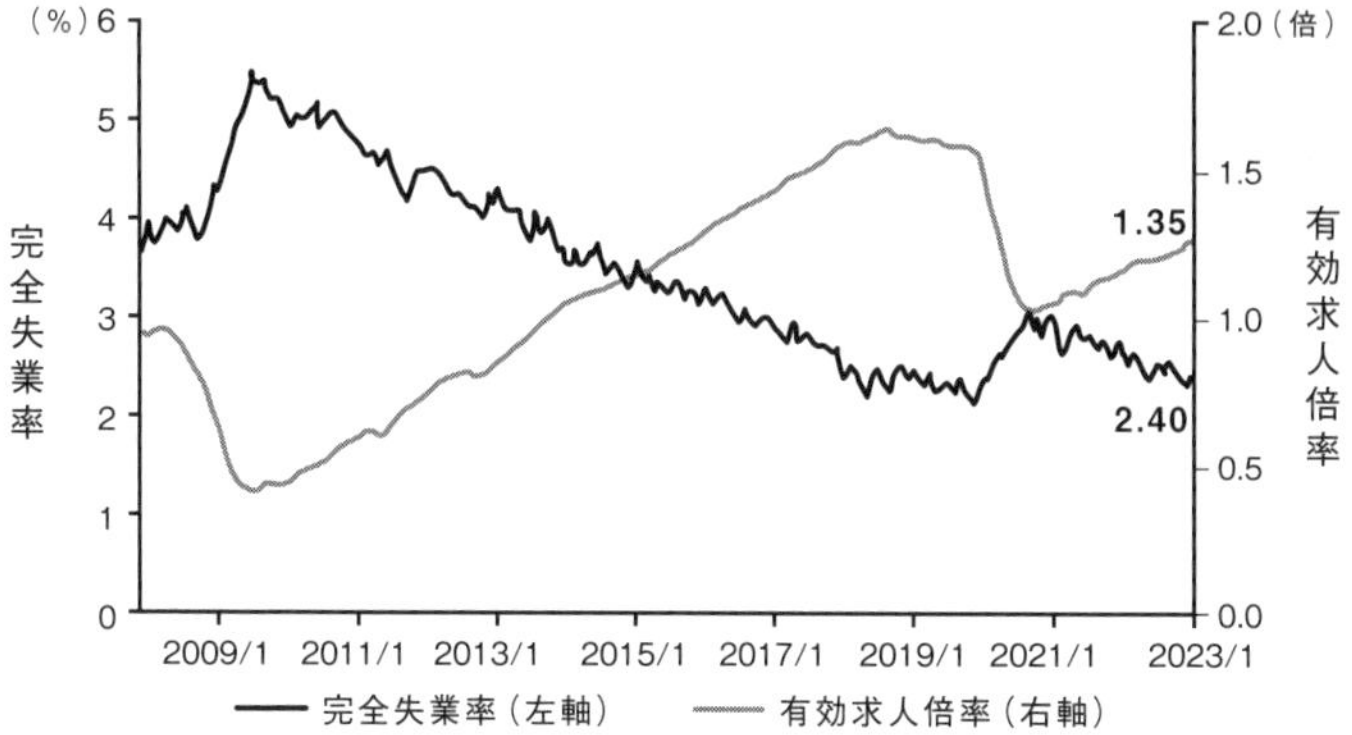

総務省「労働力調査」、厚生労働省「職業安定業務統計」をもとに作成

中小企業からすると、社員を採用するのがますます難しくなっていくのです。

柔道整復師でいえば、年間の合格者は3000人くらい。これに対して、整骨院は全国約5万1000院。

ただ、約3000人のうち700人くらいは整骨院に就職しません。病院や老人施設、デイサービスなどからも引く手あまたです。整骨院からすると、柔道整復師の合格者が面接に来てくれるだけでありがたいのが現状です。

2023年には、整骨院業界の採用難がさらに深刻化しました。2022年度の柔道整復師の国家試験は合格率が49・6％で、合格者は2244人だったのです。ピークの2009年度の合格者は5570人でしたから、半分以下に激減しました。

全国の整骨院がこの約2200人の合格者を取り合います。そうなると、求人市場で企業は選ぶ側ではなく、求職者から選ばれる側。とにかく採用して、育成していくしかありません。企業の教育力がますます問われるようになっています。

いきなりすべてを任せようとすると失敗する

「スッと来た球を、グッと構えて、バッといって、ガーンと打つんだ」

巨人軍の長嶋茂雄元監督はバッティングを指導するとき、こんな表現をすることで知られていました。実際に、巨人やニューヨークヤンキースで活躍した松井秀喜さんは長嶋元監督の指導でバッティング技術を飛躍的に向上させたそうです。超一流の長嶋さんの感覚的表現を、超一流の松井さんは理解しました。

しかし、一般人は違います。「それくらいパッとやれよ」と言われても、何をどのようにパッとやるのかわかりません。仕事を分解して、レベル1から順番にマスターさせていかなければならないのです。

それなのに、自分自身がオールマイティーに何でもこなす創業社長も長嶋元監督のように、人材育成でも自分の分身を求めてしまう悪いクセが出てしまいます。

整骨院の場合、一人院長は自分自身が長年にわたって治療してきているので、どんな患者さんが来ても対応できるだけの技術を持っています。腰痛の患者さんのことも、頭痛の患者さんのことも治療できるのが当たり前だと思っています。

新卒の社員が入ったら、しばらくは助走期間を設けるものの、社長自身は治療に追われていて忙しい。1カ月くらいは様子を見ますが、もう我慢できなくなります。

自分が手一杯だから社員を雇ったのに、それでも現場に自分が入り込まないといけない。それでは新人は何をするかというと、ずっと見ているだけ。これは我慢できません。

しびれを切らした社長は新人に治療させます。柔道整復師の資格を取ったからといって現場ですぐに通用するわけではありませんが、教育システムが整っていないから、いきなりやらせます。

患者さんは、社長の治療に対してお金を払っています。社長のことを信頼している患者さんです。新卒で入ったズブの素人に治療されたら嫌でしょう。患者さんの足が遠のいてしまいます。

その結果、社長の怒りの矛先は新人に向くのです。

社長は冷静なときは頭ではわかっていることが吹き飛んでしまうくらいカッとなることがあります。そうなると、社員に強く当たってしまいます。

いきなり全部やらせたらダメです。

社員を育てるときこそ、仕事を分解しなければなりません。パーツごとに教えて実践させるのです。

まずは膝だけ、次は股関節といった具合に、治療自体を分解して教えていくべきです。

「うちはカラダ全体を見たうえで、局所の問題を治すんだよ」

と言う社長がいます。それが大事なことは治療にかかわる人間なら誰でもわかっています。わかっていますが、院長がそれができるのは10年くらい経験しているからです。入社1カ月の新人にはできません。

自分がやっている仕事をこまかく分解して、パーツ化して教えるしかないのです。

「自分は教えてもらった覚えはない」は本当か？

たとえ教育が大切なことがわかっていても、小さい会社で教育・研修制度が整っているケースは稀です。ましてや大手企業と違って専任の教育担当もいません。社長自身がプレイヤーとして現場に入らないといけない状況下では、新人に教える時間もありません。

「よく見ておけ！」

「見て覚えろ！」

と言わざるをえないのが現実です。これは整骨院業界に限りません。職人の世界では古くから「見て覚えろ」という教育スタイルが一般的でした。「自分は教えてもらったことなんてない」と公言している社長もいます。

しかし、思い返してみてください。本当に上司や先輩にほったらかしにされて何も教わっていないのでしょうか？　時には怒られながら、いろんなことを教えてもらったのではないでしょうか。飲みにも連れて行ってもらって、いろんなことを教わったのではないでしょうか。

見てできるようになるなんて、よほどの天才でないかぎり無理です。

きちんと教えて育てなければなりません。

とはいえ、創業期は会社に内部留保がたくさんあるわけではありません。人材育成にお金をかけたくても、簡単にはかけられないでしょう。創業期の社長が利益を生まない教育にお金をかけるのは難しい。

多くの会社では、戦力にならない社員を雇っておく余裕はありません。給料が発生しているので、新人でも早く戦力になってほしいと考えています。

それでも、雇っては辞め雇っては辞めを繰り返すくらいなら、きとんと社員を教育したほうが会社の未来にプラスになるのです。

最初から完璧なマニュアルをつくろうとしない

「マニュアル人間はいらない」

そう、うそぶく社長がいます。

私は、人を教えるときにはマニュアルは絶対に必要だと考えています。「マニュアル人間はいらない」という発言は、マニュアルをつくれないことの裏返しではないでしょうか？　マニュアルをつくれないというのは、小さな会社に共通した問題だと思います。

たとえば、整骨院ではじめて受付スタッフを雇ったとします。それまでは社長が自分の感覚で受付もこなしていました。だから、当然、マニュアルなどつくっていません。そんなものは必要ないからです。

ところが、受付スタッフを雇うとなったら、そうはいきません。自分は治療に専念したくて受付スタッフを雇ったのに、その教育に時間をさくわけにはいきません。マニュアルが必要なのです。

いざマニュアルをつくろうにも、自分が感覚でやってきたことを言語化するのは難しい。「自分はマニュアルなしにやったのだから、社員だってできるはずだ」という感覚も捨てきれない。結局、受付スタッフが思うようなパフォーマンスを上げてくれず、冷静なマネジメントができなくなるのです。

マニュアルをゼロからつくるのはさすがにハードルが高いですが、インターネットで検索してみると、参考になるマニュアルがどこかに落ちているものです。それを拾ってきて、自分の会社向けに少しアレンジして使うという手もあります。

ただ、参考になるマニュアルが手に入ったとしても、それを自社に合うようにアレンジするのも一筋縄ではいきません。

マニュアルは、最初から完璧なものをつくろうとする必要はありません。

問題が起きたら、それを課題に変えて、その課題を克服するためのアクションプランを立てることによってマニュアルの精度を上げていきます。足りなかったピースを埋めながらマニュアルをつくっていけばいいのです。

新人にはコーチングではなくティーチングが必要

社長が「マニュアルで動く人はいらない」と言うのは、自分の考えを察して動いてほしいということの表れ。たしかに、ある程度の知識と情報が入っている社員には、マニュアルはそんなに必要ありません。マニュアルがなくても、自分が持つ知識と情報をもとに自分で考えて行動できるからです。

しかし、知識も情報も乏しい社員は「自分で考えて動け！」と言われると、何をすればいいかわからずに固まってしまいます。

人を教育するうえで、よく「ティーチングとコーチングの違い」が取り上げられます。

ティーチングとは、文字通り教えること。答えを相手に教える手法です。

コーチングとは、相手の中にある答えを引き出す手法です。

まだ知識も情報もない社員の中から答えを引き出すことはできません。知識も情報もない人間に「自分で考えろ」と命令することほど酷なことはありません。

何も知らない人には、まずはティーチングをしないといけないのです。ティーチングのためには、最初はマニュアルが必須です。

ただ、マニュアルだけでは社長が求める水準には達しません。だから、社長から「マニュアル人間はいらない」「指示待ち族はいらない」「あいつは働かない」といった発言が生まれてしまうのです。

問題は、社長が求めていることを、社員にきちんと伝えていないこと。やるべき仕事の範囲や質について、社長と社員の認識がズレてしまっているのです。

当たり前ですが、社員から見たら、社長の考えのすべてなんてわかるわけがありません。社長の「それくらい言わなくてもわかるだろ?」「察しろよ」という要求に社員が応えられない姿を見て、いら立ってしまうのです。

社員が動けない原因は、社長の伝え方や教え方にあるのです。

教えたままにしておかずにフォローする

社員を教育したらそれで終わりというわけにはいきません。ある程度教育したら、「自分でやってみて」というフェーズに入りますが、すべてがスムーズにいくとは限りません。というのも、社員には能力差があるからです。飲み込みの早い社員もいれば、なかなかできない社員もいます。

せっかく時間をつくって教えたのに、うまくできない社員もいます。失敗がけっこう起こるのです。

「やってみせ　言って聞かせて　させてみて　誉めてやらねば　人は動かじ」

これは、連合艦隊司令長官だった山本五十六の有名な言葉です。

社長が自らやってみせないといけない。社員がそこそこできるようになっても、ほったらかしにするのではなくて、そばで見てあげないといけない。山本五十六の言葉にはありませんが、社員の失敗すら受け入れないといけない。そこまでやって、やっと人は育つのです。

一度教育したからといってほったらかしにするのではなく、できなかったことがあれば再度教えたり、うまくできた点はほめたりといったフォローが大事なのです。

徹底的に面倒を見れば、社員は激変する

かつて、暇があると治療室のカーテンを閉めて寝ていたり、月1回くらい寝坊したりする社員がいました。その姿を見て、キレても仕方ありません。会社のレベルに合った人しか入社しないからです。粘り強く育てるしかありません。

その居眠りしていた社員は入社当初から開業志向でした。しかし、子どもが「将来はプロ野球選手になりたい！」と言っているのと同じレベル。現実味がまるでありませんでした。本人も、一生懸命に仕事をしていると、開業の大変さがよくわかってきます。それに、この社員は人情のある人物。「社長のもとで結果を出すまでがんばる」と言ってくれていました。しかし、このままではズルズル行ってしまいます。私は「1

年後に辞めろ」と期限を区切りました。その社員は最後まで逃げずにやり切って独立しました。

「ちゃんと面倒を見てあげたか？」

そう社長は問われています。社員を育てるには、仕事のやり方や社員としてのあり方を言語化してきちんと面倒を見てあげるしかありません。

社長がきちんと面倒を見ていたら、社員にその熱意が絶対に届きます。届いていないから辞めてしまうのです。

まだ1店舗だった時代、私は治療のやり方から何から徹底的に面倒を見て教えました。遅くまで残って教えたこともあります。社員が落ち込んでいたら、ご飯に連れて行きました。仕事のやり方は勤務中に、人としてのあり方はご飯を食べながら教えました。

仮に手塩にかけて育てた社員が辞めてしまっても、根性なしだと決めつけてはいけません。それは人のせいにしています。社長本人の力不足が原因です。きちんと面倒を見ていたら、必ずついてきます。

入社したときは何もできなかった社員を手塩にかけて育てた結果、見違えるように成長すれば、本人はもちろん、社長自身の自信にもなります。自分がやってきたことが間違えていなかったと改めて思えます。この成功体験が「とことん社員と向き合おう」というモチベーションになるのです。

任せる覚悟を持つ

よくあるのは、社長が「お前に任せる」と言っておきながら、やらせてみて失敗したら、「お前、できないな。もういい。俺がやる」と、仕事を取り返してしまうパターン。

教育が必要だと気づいて、一生懸命に教えてせっかく任せたにもかかわらず、2〜3カ月経ってみて「あれどうなった？　全然ダメじゃないか」ということが起こり、「もういい」となって、振り出しに戻ります。

小さい会社の社長は「振り出しに戻る」をやってしまうことがとても多い。社員はすごろくをやっていて、サイコロを振るたびに振り出しに戻らされたらたまりません。嫌になります。一歩下がるくらいならまだしも、毎回振り出しに戻るでは、嫌になって辞めてしまうでしょう。

会社にとっても、社員に振った仕事を社長が取り戻してしまったら、完全に振り出しに戻ります。振り出しどころか、みんなが年を取っている分、あと戻りです。

だから社長は心が折れるのです。5人の壁を突破するのをあきらめてしまうのです。

これはとても大事なことですが、せっかく社員に仕事を任せるならば、本当に任せる覚悟を持たなければなりません。とことん我慢しなければならない。自分が口をはさめることを残しておくレベルではなく、任せるなら全面的に自分から切り離して任せることです。

だからといって、任せた社員がなかなか成長しなければ、ずっと我慢するのはきつい。とくに危ない兆候は、社員からの相談や報告が減ってくること。これは、社員の行動が止まっている表れです。社員は「怒られる」という恐れがあって、社長を避けるようになるのです。社員に任せたら現場に介入しないといっても、コミュニケーションは欠かせません。コミュニケーションさえ取れていれば、大きく道を踏み外すことはありません。

中間管理職こそ、教育が不可欠

創業期の数人規模の会社なら、トップの社長とそれ以外の社員という鍋蓋式の組織になっているのが一般的。「社長か、社長以外か」といった組織構造です。

1人がマネジメントできる人数は5~8人、多くて10人と言われています。ということは、社員が10人を超えるくらいから社長1人では全員をマネジメントできなくなってきます。社長と社員の間に立つ人材、つまり中間管理職が必要になるのです。

社長が中間管理職に引き上げるのは、プレイヤーとして優秀な人材であることがほとんどでしょう。たとえば営業職なら、成果を出した社員が営業マネジャーに昇格するのが一般的です。

ところが、ここで社長がたどったのと同じ道を管理職がたどることになります。プレイヤーとしては優秀なのに、部下をマネジメントできないという問題です。

PART1で触れたように、管理職とプレイヤーは役割が違います。社長が仕事を分解するのと同じように、管理職も仕事を分解して、自分がやるべきことと部下がやるべきことに振り分けなければなりません。しかも、振り分けた仕事をただやらせるのではなく、部下を教育しなければならないのです。

ところが、スーパープレイヤーは部下のマネジメントや教育が苦手なケースが少なくありません。

これは中小企業に限りません。大手企業も同じ問題が起きます。大手企業でも、営業として同期でも圧倒的な成果を上げて、いち早く課長に昇格したものの、マネジメントができずに部下が次々と離職するといったことが起こりえるのです。

だからこそ、こうしたことを防ぐために大手企業は管理職研修が手厚い。新入社員、若手社員、中堅社員、管理職といった階層別の研修に加えて、昇進によって役割が変わるたびに研修があります。管理職向けなら、マネジメントやリーダーシップをはじめ、部下育成、ハラスメント防止、業績管理など、内容も多岐にわたります。

大手企業の優秀な人材ですら、放っておくとプレイヤーからマネジャーの切り替えができません。

プレイヤーとしての力とマネジメントの力は別ものであることを社長なら思い知らされているはずです。一般社員が管理職に昇格するときも、教育が欠かせないのです。「やりながら覚えろ」は、ここでも通用しません。

家業を継ぐ2代目、3代目社長なら入社当初からマネジメントの役割を担うこともあるでしょう。しかし、大半の人がプレイヤーからスタートします。それがある段階からマネジャーに役割が変わるのです。そのために、マネジメント研修をおこなったり、マニュアルを作成したりしなければなりません。こうしたものなしでプレイヤーからマネジャーに転換できる人はなかなかいません。

幹部は育てるか？　外から引っぱってくるか？

会社がある程度の規模になってきたら、将棋でいうところの飛車と角といった大駒が絶対に必要です。つまり幹部です。

金や銀をいくら教育しても、飛車角にはなりません。金や銀のままです。金が飛車角になるには、自分に与えられた出来事や環境から何かを気づいて、自ら変わるしかありません。

私自身、もともと大した人間だったわけではありません。お笑い芸人の修業時代をともに過ごした有吉弘行に負けたくないという強い思いが私の原動力になっています。

幹部を育てるのが難しいとなると、いっそのこと中途で即戦力を採用すればいいと考えるかもしれません。私自身、そのことが頭をよぎることは何度もあります。実際に、過去に一度、幹部候補のマネジャーを採用しました。20代後半の優秀な人材を採用したのです。

ところが、感情的な問題で社内にハレーションが起きました。それまでがんばってくれた社員が新しく入ったマネジャーを認めなかったのです。

同業界で、自分たちの会社より大きな会社でマネジャーをやっていた実績のある人材を採用すれば、もしかすると社員たちも言うことを聞いたかもしれません。しかし、そのポジションになりたい社員は辞めるでしょう。私の会社でも、マネジャーに近い立場の社員が何度か新しく入ったマネジャーに対して激怒しました。

結局、マネジャーは、わずか3カ月で辞めました。

整骨院のように職人気質の強い業界では、即戦力のマネジャーを採用してもうまくいかないケースが多いと思います。

そのマネジャーは、自分の能力を客観的に評価できる能力の高い人材でした。そういう人が離職してしまったのは頭の痛い問題でした。会社は、血を流しながら成長していくものだと痛感させられたものです。

これは雇う側の問題でした。私が幹部の役割や仕事内容、仕事の進め方をこまかく分解して伝えなければいけませんでした。しかし、それが十分ではありませんでした。マネジャーはいつの間にかまわりから反発を食らって困り果てて辞めていったのかもしれません。

私はこの経験などを踏まえて、管理職の役割や仕事を細分化した評価シートなどをつくりました。

会社経営とは、教育である

通常、他人を教育すればお代をいただけます。ところが社員教育は逆です。社員に給料を渡しながら教育するのです。これは、社長にとってヘビーなミッションです。ここで面倒くさくてやっていられないとさじを投げてしまうと、一人社長に逆戻り。私も、投げ出したくなったことは何度もあります。投げたいと思っているときは、筋トレのハイプレッシャーがかかっているとき。「これを超えたらパワーアップできる！」と思い直して踏ん張っています。

私が会社を少しずつ大きくしていって痛感させられているのは、整骨院経営とは教育ビジネスであること。患者さんの治療をするのと同じくらい、社員教育が重要です。

人にものを教えるには、自分の仕事を分解しないといけない。

分解したものをわかりやすいマニュアルにまとめないといけない。

仕事をかみ砕いて忍耐強く教えなければならない。

社員が失敗したからといって頭ごなしに怒ってはいけない。

「こいつはダメだ」と言って、仕事を奪い返してはいけない。

とことん社員と向き合って、かなりの時間と労力を教育に費やす覚悟が必要です。

それでも多くの社長はブツブツ文句を言いながら、社員を粘り強く教育しています。

なぜ、社長はがんばれるのか？　それはビジョンが明確だからです。次はビジョンの重要性を考えていきましょう

○

社員と共有できる夢を持つ

PART 4

ビジョンがなければ社長も社員も心が折れる

×

自分中心の夢を持つ

ビジョンがあるからがんばれる

高校の野球部の生徒たちは、来る日も来る日も泥だらけになってグラウンドで練習しています。

その脇を、帰宅部の生徒たちが「あいつら、よくやるよ」と、冷ややかな視線を送りながら家路につきます。「あんなに声を出して泥だらけになって、報われることなんてあるの？　家に帰ってゲームしていたほうがいいのに」というのが帰宅部の生徒たちの感覚。そんなことを野球部の生徒たちに直接言ったら、ただで帰してもらえないので口には出しませんが。

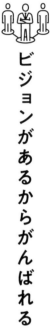

それではなぜ、野球部員たちはがんばれるのでしょうか？　「甲子園出場」という明確すぎるくらい明確なビジョンがあるからです。選手もマネジャーも監督もビジョンを共有しているから、チームワークが生まれるのです。中には、誰にも指示されなくても、帰宅してから素振りをするような部員すらいます。

それでは甲子園を目指して練習すれば報われるのかといえば、必ずしもそんなことはありません。高野連加盟校は約３８００校。このうち夏の甲子園に行けるのはたった49校です。ほんのひと握りの高校球児しか甲子園の土を踏めません。甲子園に行けない高校球児のほうが圧倒的多数です。

それでも夢があるから毎日がんばれるのです。

叶うか叶わないかよりも大切なのは、甲子園出場という全員共通ビジョンを持つこと。

会社経営もこの構図と似ています。

ビジョンを共有せずして、社員がチームワークを発揮してがんばることはできません。

仕事を分解して部分的に任せていくといっても、小さい会社は人的リソースが限られています。社員が５００人いる会社なら、仕事を細分化して、営業だけ、事務だけ、経理だけといった分業化が可能です。しかし、零細企業ではそうはいきません。社員にはどうしても広く浅く仕事を頼まざるをえません。

広く浅く任せながら、徐々にクオリティーを上げて「広く深く」こなしてもらうようになります。社員にとってはあれもこれもやらされるのは大変です。それでも社員たちに前向きに仕事をしてもらうために必要なのがビジョンや理念なのです。

社員に強い思いを持ってもらわなければなりません。モチベーションを高く保ってもらわないといけません。夢をより具体的に持ってもらわないといけません。

ビジョンを実現しようという思いが強ければ強いほど、いろんな業務を加えていっても、自分のためだと思って歯を食いしばって立ち向かってくれます。

とりわけ店舗型ビジネスの場合、本部から離れれば離れるほど会社への求心力が失われがち。社長と接する機会が少なくなるからです。ビジョンがなければマネジメントが効かなくなってしまうのです。

組織が小さいうちは個にフォーカスしたビジョンを

そうはいっても、創業時からビジョンやミッションを掲げている社長はいないでしょう。一人社長は、ビジョンを掲げていないケースが大半だと思います。

「もっと稼ぎたい」「好きなことをやりたい」「一国一城の主になりたい」、はたまた「遊んで暮らしたい」といった極めて個人的な思いから独立する人が多いでしょう。

社員がいなければ、共有すべきビジョンがなくてもやっていけます。

ところが、人を雇うとなると、ビジョンが必要になってくるのです。

「みんなでいいクルマに乗ろうぜ！」

最初のころは、そんなビジョンでもかまわないと思います。

というのも、組織が小さいうちは、個にフォーカスしたビジョンのほうが社員に共感してもらいやすいからです。

組織が小さいのに「世界を変えるんだ！」と唱えても、社員はピンと来ません。大言壮語のビジョンのほうが聞こえはいいですが、たとえば5人の組織で世界を変えるというのは現実離れしすぎで、格好つけすぎです。社員がついてくるような身近なビジョンを掲げなければなりません。

もしクルマ好きな社員が集まっているなら、「来年さ、この5人全員で外車を買おう。だから、1年間全力で走ろうぜ」という夢でいいのです。5人くらいの組織なら、個人にフォーカスしたビジョンのほうが社員たちのやる気が出るでしょう。

自己中心な社長に白ける社員たち

ここでポイントになるのは、社員と一緒に見る夢にするということ。「自分は社長になっていいクルマに乗りたい」という夢を掲げる人についてくる社員はいません。社員は社長の奴隷ではありません。社長が自分だけいい思いをするビジョンでは社員はついてきません。

そんなビジョンを明文化する社長はさすがにいないとは思いますが、社長の振る舞いを社員たちはよく見ています。安月給の社員たちを横目に自分だけ会社の経費で外車を買って乗りまわしていたり、「これも仕事のうちだから」と言って毎晩お客さんだか友達だかわからない人たちとこれまた会社の経費で飲み歩いたりしている自己中心的な社長の心を社員たちは見透かします。「取引先の接待で飲みに行くのは大変なんだよ〜」と社長のしんどさをアピールしても、あとの祭り。社員は白けるだけです。

そこまで極端な行動には出なくても、PART2で触れたように、独立起業する社長は利己的です。最初から人間ができている社長は本当に少ない。私もそうですが、起業したあとに失敗を重ねて利己的であっても自己中心的ではいけないと学んでいくのです。


社長の言うこととやることが違う、というのも社員が白ける原因の1つです。「お客さま満足度ナンバーワンを目指す」とビジョンを掲げておきながら、利益優先で顧客をだましてでもモノを売りつけさせようとする社長に、誰がついてくるでしょうか？

口で言うことよりも、やっていることがその人の本質です。口では格好いいビジョンを掲げながら、やっている行動はそのときの感情任せでは、社員はついてきません。

「結局、あなたのワンマンの会社にしたいんでしょ」

「あなたの言う通りになる人たちだけ集めてやりたいんでしょ」

そう思われるだけです。


自分は利己的であることを自覚したうえで、言行一致を心がけること。そうすれば、会社は確実に次のステージに上がっていきます。

「なぜ？」の問いかけがビジョンを導く

「この患者さんはもっと健康になれたのに……」

私は普段、患者さんと接していて、そんなくやしさを覚えることがあります。もっと早く自分のところに治療に来てくれれば、これほど悪化することはなかったのに、という思いです。

「俺はこんな人たちを救いたいんだ。だからこの仕事をやっているんだ」

これが私がこの仕事に打ち込んできた原点です。

なぜ、その仕事を続けているのか？

これをとことん突き詰めていくと、創業社長の原点が見えてきます。力の源が明確になります。すると、目指すべきビジョンも浮かび上がってきます。

「なぜ？」を繰り返すのです。

なぜ、独立起業したかったのか？
お金持ちになりたかったから。
なぜ、お金持ちになりたかったのか？
資金をつくって大きな仕事をしたかったから。
なぜ、大きな仕事をしたいのか？
院の数を増やして、より多くの患者さんを救いたいから。

といったようになぜを繰り返すのです。そうすれば、個にフォーカスしたビジョンから、より大きなビジョンが見えてきます。

社員もワクワクできる夢を掲げる

うまくいっていない社長には共通点があります。

それは、社員みんながワクワクする夢を見せられていないこと。社長の重要な役割は、組織やチームがワクワクできる共通の目標を見つけることです。

社員の中には、夢を持てない人もいます。「夢なんてない」と言う人すらいます。

それなら、社長が社員たちの夢をつくってあげなければなりません。

ここで大事なのは「社員も社長もともにワクワクできる夢」を探すこと。

先ほどの甲子園出場のように、みんなが共有できる夢があるから走れるのです。１人で走るのはつらくても、１人でも多くの仲間がいれば継続して走れます。

より多くの人がワクワクできる夢を発信できるかどうか。

これが組織の大きさに関係していきます。

私の会社ではセットアップ動画を4本くらいつくっています。1日店舗をすべて閉めて、ホテルで会合を開きます。ここでは、セットアップ動画を使ってチームの大切さやビジョンを伝えます。

みんながワクワクできる夢を社員たちに改めて伝えるためです。

個人の夢を持たせるために問いかけ続ける

「夢とか別にないし」

「社長の夢はわかるけど、私はそこまでは別にいいし」

夢について問いかけると、そう言う若者がいます。私が熱く夢を語ったら、「暑苦しい」と言われたこともあります。

いきなり「夢を持て！」と言われたところで、なかなか持てるものではありません。そんなに簡単に見つかるなら、すでに夢を持ってそれを追いかけていることでしょう。

最初から夢を持っている社員ばかりではないのです。

柔道整復師の資格を取った若者なら「日本一の治療家になりたい！」と夢見てこの道に入ってくるケースがあります。しかし、「私は日本一の受付になりたい！」と大きな夢を掲げて受付スタッフに応募してくる人はまずいません。「とりあえず座り仕事だし、楽そうだし」といった感覚で始める人もいるでしょう。

個人の夢を持たせる前に、意識レベルを上げていく作業が必要です。

私は、夢を持つきっかけは2つあると考えています。

1つは、夢をリアルに感じられる場所に行ったときです。

たとえば、たまたま住宅展示場に立ち寄ったとします。すると、魅力的な家が建ち並んでいます。それを目にして、「マイホームっていいね。いつか家が欲しいね」となるこの感じです。

もう1つは、自分にとって足りないものがたくさんある中で、いくつか満たされてきたときです。

たとえば、お金を稼いで生活を安定させたい人が「夢を持て」と言われても現実的ではありません。まずは収入を安定させてあげなければなりません。

とりわけ今の若者たちはお金や時間を気にします。

「30歳、40歳、50歳、どうなっていたい？」

と問いかけると、

「引退して好きなことしたい」

と言う若者が多い。経済的に自立して早期にリタイアするＦＩＲＥが持てはやされている影響かもしれません。

今の若い人たちは、選択肢が多すぎます。ＳＮＳをのぞけば、他人のキラキラした生活が目に飛び込んできます。もし本当にＦＩＲＥが夢なら、そのために今、やるべきは何かを気づかせてあげないといけないのです。

個人の夢を応援する難しさ

社員一人ひとりが夢を持ってもらうことが大事ですが、ここで起こってくる問題は、どこまで個人の夢を応援するかということ。

会社にはビジョンがあります。一方で個人にも夢があります。社長が個人の夢を応援しすぎると、社員は会社が個人のためにあるのだと錯覚してしまいます。私の会社では、これがけっこう起こりました。

次のようなケースがありました。ある社員はプロ野球の球団トレーナーになるのが夢でした。彼は創業期からがんばってくれていたので、私はある球団とパイプをつくり、彼の夢を実現させてあげました。

私は彼にそのことを公言しないように伝えていました。ところが彼は黙っていられませんでした。学生向けの会社説明会などで「この会社に入って、夢だったプロ野球のトレーナーになれた」と話してしまうのです。そうすると、これから入る人たちも「個人的な夢を叶えてもらえる会社」と思うわけです。

たとえば、「東京でお店を持ちたい」という夢を持った社員のために東京に出店してあげるとなると、その社員はがんばります。しかし、会社のビジョンとはズレてしまいます。

個人のビジョンは何でもいいというわけではありません。まずは会社のビジョンやミッションをきちんと伝えないといけない。そのうえで「この中であなたは何をやりたいですか？」という方向に持っていかなければなりません。

会社のビジョンを実現することが個人のビジョンを実現することに、個人のビジョンを実現することが会社のビジョンを実現することにつながるようにしなければなりません。

「やりたくない」という言い訳の解消法

社長が「やれ」と言ったことを社員がやっていない場面に出くわすことがあると思います。これも、ビジョンとかかわる問題です。

社員が頼まれたことをやらない理由は次の3つ。

①忘れた
②やり方がわからない
③やりたくない

「忘れた」のなら、スケジュール表に必ず書き込むなど、忘れないような仕組みをつくればいい。「やり方がわからない」は指示を出した側の責任が大きい。やり方がわかるようなマニュアルをつくったり、指示をわかりやすいものに改善したりすればいい。

この中で最も手強いのが「やりたくない」です。

さらに理由を細分化すると、「自分のためにならない」「自分のスキルアップにつながらない」「なぜ自分がやらされるのかわからない」といったことが挙げられるでしょう。大切なのは、会社の大きなビジョンの中に個人のビジョンが入っていること。個人のビジョンを達成するために必要な仕事だと理解してもらわなければなりません。

たとえば、今までプレイヤーとして成果を出してきて、一流のプレイヤーになりたいのに、院長になったからといって部下のマネジメントという余計なことはしたくないという人がいるとします。部下とご飯に行きたくない、しゃべりたくもない。しかし、一流のプレイヤーとして生きていくにしても、たった1人では難しい。スタッフを雇って、自分がなりたいプレイヤーに専念する環境を整えなければなりません。一流のプレイヤーになるにしても、マネジメントスキルが欠かせないのです。こうしたことを本人に説明すれば、店舗を増やしていこうとしている会社の方針と個人の夢がリンクすることをわかってもらえるというわけです。

大事なのは、個人のビジョンに寄りすぎず、自分のやりたいことが会社のビジョンとつながっていることを理解してもらうこと。そのためには、「今のこの仕事は会社のためであるとともに、自分のビジョンのためでもある」と伝えるのです。

今の社員はやりたくないことをやらせるとすぐに辞めてしまいます。

だからこそ、「自分個人の夢の実現のためにもやったほうがいい」と思わせることが大切です。

優秀な人材を登用するときの落とし穴

私は一時の感情で「お前ええやつだから任せた！」と上に上げてしまう傾向が強い。「この会社で骨をうずめます！」と言われると、「まだ難しいかな～」と思いつつも、そこまで言ってくれるならと、ついついいきなりレベルの高い仕事を任せてしまうのです。プレッシャーに打ち勝ってくれると期待するのですが、当の本人は力不足で困ってしまいます。

社長からすると、自分が起こした会社に骨をうずめると言ってもらえたり、めちゃくちゃやる気があったりするのはうれしいものです。

かつて、会社のビジョンへの共感に関係なく、優秀な人材に店舗を任せたことがありました。コミュニケーション能力が高くて、行動力もある人物だったので、任せた当初は数字をつくってくれました。

ところが、次第に問題が浮上しました。店舗を自分色に染め出すのです。私からすると、自分の会社の店舗ではなくなっていく感じでした。それが整骨院として必ずしも悪い方向ではありません。しかし、私は自分の会社の枠から外れていくことに危機感を覚えました。その店舗のスタッフたちへの会社の求心力も失われていったのです。

人材を引き上げるとき、能力を評価することももちろん大事ですが、会社のビジョンに共感しているかどうかという視点も忘れないようにしたほうがいいのです。

掲げるビジョンに見合った社員が入ってくる！

私の会社ではかつて「整体で人生を変える」といったビジョンを掲げていました。私自身、整体で患者さんの人生を変え続けることで、自分の人生も変わってきたからです。採用活動でも、このビジョンをアピールしていました。すると、「腕を磨きたい」「患者さんの健康づくりに貢献したい」といった若者が入社してきました。

しかし、よく考えれば、治療家として腕を上げることが大事なのはどの整骨院も共通です。そもそも、学生たちは治療家になりたくて専門学校に入り、柔道整復師の資格を取っています。

私は今は「東京に出店する」「2～3年後には海外出店する」「整体が最初に選ばれる医療にしたい」「日本の整体のすばらしさを世界に広めたい」といった夢を抱いています。このことを採用活動でもビジョンとしてアピールするよう変えました。

すると、こうした大きなビジョンを一緒に実現したいと考える学生が入社するようになったではありませんか。みんながワクワクするような大きな夢を掲げたら、世界を視野に入れるような視座の高い学生が入社するようになりました。

最近は、パーパスという言葉が流行っています。パーパスとは企業の存在意義のこと。理念やパーパスを掲げると、本当にそうしたことに共感した人材が入ってくるようになるのです。


まだ1店舗しかないときは、社長も未熟ですから、そんな大きな夢は語れません。「治療を一生懸命にやって飯が食えるように」といったセットアップにならざるをえません。そうすると、「取りあえずお給料をもらって生活できる」と考える層の人が入ってきます。

しかし、会社が大きくなり、ビジョンも大きくなると、未来を見据えた優秀な人材も入ってくるようになります。

そうなると、社長はレベルの高い社員たちがやりがいを持てるような環境をつくらなければなりません。社員が変われば、社長の言動や行動も変えなければなりません。

すると、社員たちは、

「社長が言っていることっておもしろいよね」

と、ついてきてくれます。社員たちも変わっていきます。社員の成長と社長の成長の正のスパイラルが生まれるのです。

かつて私はどんな価値観の人間が入社しても育てられると思っていました。しかし、そうではありませんでした。価値観が根本的に違う人材は離れていきます。とくに店舗が増えて私自身が社員とかかわることが少なくなると、価値観が違う人が入ると足並みがそろわなくなります。今は、ビジョンに共感してくれて、価値観を共有してくれる人しか採用しません。

「理念採用が大事」とよく言われます。本当にその通りだと実感します。

迷ったらビジョンに立ち返る

「何で俺は人なんか雇ったんだろうか……?」

「また社員が辞めてしまう。もう店じまいしたほうがいいのだろうか……?」

会社を経営していると、そんなふうに思い悩むことがあるでしょう。そんなときこそ、自分に問いかけるべきはビジョンです。

「自分は何をしたいのか？」

「それは組織じゃないとできないのか？」

そう問いかければ、自分や会社に足りない部分が見えてきます。

社長は目の前のことで手一杯でしょう。ただがむしゃらに目の前のことを追いかけてしまいがちです。全力疾走しているうちに、目的を見失ってしまったり、やる意味を忘れてしまったりします。

「自分はなぜ起業したのか？」

一度立ち止まって、この原点を問い直してみてください。そうすれば、それまで見えなかった悩みの出口が見えてくるはずです。

ビジョンとは「社長がどうしても譲れない何か」です。譲れないから、絶対にあきらめない。どんなにつらいことがあってもやり抜くことができるのです。

やりたい仕事ができているのに、なりたい人生が送れていない

私は、いろんな社長を見ていて思うことがあります。それは、やりたい仕事ができているのに、なりたい人生を送れていない社長が多いこと。

あなたのまわりにもいませんか？　仕事では成功しているのに、いつもイライラしている社長が。自分の思い通りにいかないと、社員に強く当たってしまう社長がいるのではないでしょうか。やりたい仕事をやっているのに、何となく楽しそうではありません。その社長は、送りたかった人生を送れているのでしょうか？

やりたい仕事で独立起業して、社員も雇って、さらに事業を成長させていく。絵に描いたようなやりたい仕事の成功者です。仕事も大好き。それなのに、社員に強く当たってしまう自分自身にイライラしているのではないでしょうか？

社員と接するとき、目の前しか見えていないと、思ったことをどんどんぶつけてしまいかねません。ビジョンが曖昧だと、社長は利己的な自分がむき出しになります。

「お前、何やってるんだ。お前に金めっちゃ払ってんだぞ！」「いい加減にしろよ！」と口に出して怒ってしまう社長もいるでしょう。それは、自分が望んだ社長像でしょうか？

自分の思い通りに社員が動いてくれないことなんて山ほどあります。それでも辛抱強く社員の成長を待てるのは、ビジョンが明確だからです。

社員と共有できる未来志向型のビジョンがあれば、社員の仕事ぶりが少しくらい物足りなくても、「それも1つの投資だ」くらいの気持ちになれます。「将来を考えたら、ここは我慢して、別の言い方にしておこう」と冷静に判断できるのも、ビジョンがあればこそです。

未来のために、社員を雇ったはずです。未来のために、社員にお給料を払ってきたはずです。

自分自身のヒートアップした頭を冷やしてくれるのがビジョンです。ビジョンは、利己的な自分を律するためのものでもあるのです。

社員に強く当たるような社長になりたくて会社を立ち上げる人はいないでしょう。社員と共有できるビジョンを明確にすれば、自分が目指す社長像、そして自分が歩みたい人生に近づくのではないでしょうか。

いい離職を増やす

ビジョンを掲げて、それに共感した人材を採用したからといって、離職がゼロになるわけではありません。会社と社員の夢をすり合わせるといっても、完全には一致しないからです。しかし、離職の質が変わっていきます。

離職には、大きく2種類あります。いい離職と悪い離職です。

社員が自分の夢を叶えるためにポジティブな理由で去っていくのはいい離職です。

一方で、待遇や福利厚生に文句を言って辞めていくのは、会社にとって悪い離職です。その社員は自分の将来を考えて、会社に見切りをつけたわけです。もしかすると、会社の足りない部分について危険信号を発していたのかもしれません。それを察知できなかったのは社長の責任です。社員が抱く不満と正面から向き合って、必要なら改善するのが社長の務めです。会社に対する不満から去っていく悪い離職は減らしたほうがいい。

ビジョンを明確に掲げると、前者のいい離職が増えていきます。

たとえば、「いつかは独立起業したい」という夢を抱いている社員がいるとします。自分の会社で経験を積んで、スキルを磨いて、独立していくのはいい離職です。個人の夢を追ういい離職は、応援してあげたいものです。そういう社員とは、離職してからもいい関係が続きます。

ただ、個人の夢よりももっと魅力的なビジョンを会社が掲げることができれば、いい離職すらも減っていくのではないでしょうか。

○

根本療法にも取り組む

PART 5 俯瞰して見ることができるか？

×

対症療法だけ

目の前の問題に追われていませんか？

社長は日々、多岐にわたる問題に直面しています。

中でも、重要な問題には大きく分けて2つの種類があります。

1つは、緊急性が高くて重要な問題。

もう1つは、緊急性は低いけれども重要な問題。

会社を経営していると、常にこの2つの問題が起きています。

多くの社長は、緊急性の高い目の前の問題の対応で手一杯。これが、なかなか会社づくりのベースをつくれない大きな原因になっています。

たとえば、整骨院で患者さんからクレームが入ったとします。そのとき、そのクレームの対処に追われてしまいます。もちろん目の前のクレームに対処することは緊急性が高くて重要です。

しかし、それ以上に大事なのは「クレームが起こらないようにするにはどうすればいいのか?」という根本的な改善策を考えること。これは緊急性は高くありません。しかし、長期的な事業運営にかかわることですから、きわめて重要です。

目の前のクレームを処理して、その時点で「ああ良かったね」で終わってしまうと、問題が根本的に解決せず、同じ失敗を繰り返すことになってしまいます。

あるいは、社員を雇うと、大小さまざまなトラブルが発生します。ヒューマンエラーを防ぐためには、何かしらのルールや仕組みをつくらなければなりません。それなのに、エラーを起こした社員に対して注意だけしていても、また同じ過ちを犯してしまいます。トラブルが起きないようにするのはどうすればいいかを考えて、改善策を立案しなければなりません。

緊急性が高くて重要な問題への対応は「対症療法」、緊急性は低いけれど重要な問題への対応は「根本療法」という言葉に置き換えてもいいでしょう。何か問題が起きたときは、この2軸で押さえなければなりません。

長期的な会社づくりを考えると、どちらが大事かといえば「緊急性は低いけれども重要な問題」を解決する「根本治療」なのです。

社員の不満が漏れてくるのは会社が成長した証拠

社員がまだ2〜3人のころは「有給休暇をすべて消化したい」といった話が上がってくることはまずありません。少人数なのにその会社で働いているということは、社長の人となりに何かしらの魅力を感じているはずです。社長にごはんに連れて行ってもらえることが小さな幸せに感じられるかもしれません。一方で、これくらいの規模なら、社長も一人ひとりに愛情を注いで育てています。社員は、自分が有給休暇を取ったら会社がまわらなくなって社長が困ってしまうことを百も承知。だから、社長と対峙してまで有休を取ろうとはしません。

残業もそうです。社員が１人、２人のときは、残業が当たり前のブラックな状況に陥りやすい。

社員が１００人いれば、１人が休んでもほかの99人で埋め合わせができます。１人が１%くらい負担を増やせば、99人いれば99%は埋められます。

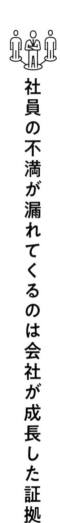

ところが、社員が2人しかいなければ、1人休めば戦力50％ダウン。通常営業するためには、残った1人が2倍の仕事をしなければなりません。さすがにそんなことは不可能です。

もちろん、社員が1人だろうが2人だろうが、法令を順守して働きやすい環境をつくるのは大事です。しかし、大企業と同じような制度をつくって運用することはできないのが現実です。

たった1人の社員は不平不満があれば辞めてしまいますが、残ってくれているということは社長との信頼関係ができています。この段階では「緊急かつ重要なこと」への対処で手一杯で、「緊急性は低いけれども重要なこと」まで手がまわりません。

ところが、社員の人数が増えてくると状況は変わっていきます。組織が大きくなっていくと、増えてくるのが「会社の安定感」や「働きやすさ」を求める社員。社長も一人ひとりにまで愛情を注げなくなります。すると、社員は個人の主観でいろんなことを言ってきます。

「普通会社って、こうでしょ」

「友達の会社って、こうらしいよ」

こうした社員の不満に対して、社長は「今まで有休のことなんて言わなかったのに、こいつ面倒くさいな」という感覚になりがち。ましてや社員が「有休の年5日取得が義務化されましたよね？　だから有休を取っていいですよね」なんて言ってこようものなら、社長は頭に血がのぼってしまいかねません。

イラッとした社長は理論武装して、理屈でねじ伏せようとします。それに対して社員は理解はしてくれるかもしれませんが、納得はしません。

組織がある程度の大きさになると、世の中の当たり前を求める社員が多くなってきます。しかし、その当たり前のことに対して、社長は悪い意味でマインドブロックがかかっています。

「そんな面倒くさい社員はうちにはいらない」

と思ってしまうのです。社長は、不満をあらわにする社員に対して、言い訳がましい話をします。

「お前、そんなんでいいの？　そんなんで成長できるの？」といったように。

すると、「私はこの船から降ります」と、社員たちが辞めていってしまうのです。

人手不足を埋めるのは緊急性の高い問題です。しかし、働く環境を整えるのは緊急性が低いかもしれませんが、重要な問題です。

働く環境を整えないと、社員が離れていってしまいます。そうなっては、会社は成長せずに自分が思い描くビジョンを達成できません。

ビジョンの実現の道のりを俯瞰的に見れば、要所要所で必要になってくる施策が見えてくるはずです。きちんと有休を取れたり、残業をしないでよかったりする環境を整える段階があることも見えるでしょう。自分の会社とビジョン達成に向けた道のりを俯瞰してみれば、緊急性は低いけれども重要な問題に気づいて、その改善につなげられるのです。

社員の不満は苦いが良薬になる

社員の不平不満の声が漏れ伝わってくると、社長はイラッとするものです。時には感情的になってしまうでしょう。とりわけ社員5人以下くらいの規模の社長と話していると、社員に対する不満が多い。「あいつら、何もわかっていない」「文句を言う前に成果を出せよ」と腹が立って、社員たちを押さえつけようとしてしまうのです。

しかし、社員からのクレームに対して、目をつぶったり、フタをしたりしてはいけません。お客さんからのクレームに目をつぶる企業は淘汰されてしまうのと同じように、社員の不満に正面から向き合わない企業の成長はありません。


イラッとしたときは、まずは感情に走らないことが大事。

売り言葉に買い言葉的に、そのときの思いつきで社員を強引に説き伏せようとしたり、「腹立つな、こいつ」と思って厳しい言葉を投げつけたりすると、社員は何も言い返せません。とりわけ小さな会社では、社長は絶対的な存在。社員は反論できません。すると、社員は「社長に何を言ってもムダ」と思って、口をつぐむようになってしまいます。するとまた、社長が「黙っていないで自分の考えを言え！」と怒るという悪循環に陥ります。

どんなに苦《にが》くても、社員の苦言を社長はいったん飲み込むべきです。社員の不満の言葉には、会社を良くするヒントが隠されているからです。社員の不満を会社の器を大きくするための薬だととらえるのです。良薬は口に苦いのです。

せっかくの良薬を社長が飲み込まずにすぐに吐き捨ててしまうと、会社は大きくなりません。


社員にイラッとしたらチャンスです。

「こいつら面倒くさい」はチャンスです。

イライラの裏には、会社を大きくするためのヒントが隠されています。「緊急性は低いけれども重要な課題」を見つけ出す大チャンスです。

本質を見つけるためにも「なぜ」を問いかける

肩こりで困っている患者さんがお見えになったとします。

昔の私は、

「肩こりなんですね、わかりました」

と言って、肩こりの治療だけをやっていました。それ以上、掘り下げることはありませんでした。肩こりの治療をすれば、そのときは症状が改善します。しかし、それ以上でも以下でもありません。少なくとも、患者さんの期待を上回ることはできません。

肩こりは生活習慣と深くかかわっていて、慢性化します。治療したときだけ一時的にスッキリさせるだけでは、治療家とは言えません。

「何で肩こりを治そうと思っているんですか？」

今の私は、必ず「なぜ」を聞くようにしています。

あるとき、肩が痛いおじいさんがお見えになりました。治療のあとは痛みが取れるのですが、しばらくするとまた痛くなって来院されました。これを何度か繰り返したのです。

この間、私はおじいさんにいろんな「なぜ？」を投げかけてみました。あるとき、

「孫を抱っこすると痛みがぶり返す」ことがわかったのです。

「そうなんや！　この患者さんは肩の痛みを取りに来るのではなくて、お孫さんを抱っこするという目的があるんだ。お孫さんを抱っこできたらこの人は喜んでくれるんだ」

私はそう気づきました。それまでは「こうしたら痛い」「ああしたら痛い」というのを検査して、痛みを取っていました。

しかし、お孫さんを抱っこしたいという潜在的なニーズがわかったので、「お孫さんをどんなふうに抱っこしますか？」と聞いて、その動きを強化する指導に変えました。目的がわかれば、抱っこの仕方や身体の使い方もアドバイスできます。

その結果、おじいさんはお孫さんを抱っこしても肩が痛くなくなりました。おじいさんからは「ありがとう」と、とても喜ばれました。

腰痛がなかなか治らないおばあさんも忘れられません。

治療のあとは良くなるのですが、しばらくすると「やっぱり痛いです」と、曇った表情で来院されました。

よくよく話を聞いてみると、寝たきりのご主人を介護していました。

介護のとき、中腰になってご主人を抱きかかえる動作でいつも痛くなってしまうそうです。痛くなると、ご主人にやさしくなれない自分が嫌になるとのことでした。おばあさんの潜在的なニーズがわかれば、いろんなアドバイスのアイデアが浮かびます。

たとえば、ベッドの脇に高さ10センチくらいの箱を置いて、ご主人を抱えるときに片足を乗せるだけで少し腰が楽になります。こうしたことをアドバイスしました。

その結果、やはり「ありがとう」という感謝の言葉をいただけたのです。

治療家は、患者さんの症状だけに目をとらわれてはいけません。患者さんが来院した本当の目的をよく聞かなければならないのです。患者さんに「なぜ」を聞くと、来院の本当の目的が見えてくるのです。


PART4では、ビジョンを深掘りするために「なぜ？」を問いかけることの大切さに触れました。なぜの掘り下げは、物事の本質を追求するためにも効果的です。本質がわかれば、視野が広がって物事を俯瞰して見ることができるようになります。

私は患者さんや自分自身にだけでなく、社員にも「何でなん？」とよく聞きます。

会議のときなら「なぜ、今日の会議に来たんですか？」と、問いかけます。

「この日に集まると決まっていたからです」と返ってきたら、何も考えてきていない証拠。毎回、なぜを繰り返すと、次第に「自分の院でこういうことが起こっているので、今日の会議でそれを報告して、アドバイスをもらいたかった」といったように変わっていきます。

なぜを繰り返すと、自分自身だけでなく、社員の視座も上がっていくのです。

「なぜ?」が社員の本当の良さを知るきっかけに

あまり自分の思いを表現するのが得意ではない社員がいました。

飲み会のとき、彼があるキャラクターがプリントされたTシャツを着ていました。

私は「なんでそのTシャツ着てんの?」と聞いてみました。

「気に入っているんです」

「何で気に入っているの?」

「デザインが気に入っているんです」

「このキャラクターのどこが気に入っているの?」

「このキャラクターが好きなんです」

「何で好きなの?」

「仲間思いで、自分よりも仲間のことを大事にしているところが私は気に入っているんです」

「あのさ、そんな人間になりたいと思っているの？」

「あ、はい」

「スゲーな！」

私は思わず声を張り上げました。自分は仲間思いの人間になりたくて、自分の理想的なキャラクターのTシャツを着ていると言うのです。

最初はキャラクターのTシャツを着ていることに、まわりからは少し見下したような笑いがありました。ところが、彼の話を深掘りしたら、空気が一変しました。誰も笑わなくなったのです。

なぜを掘り下げたからこそ、彼の人間性のすばらしさが明らかになりました。彼の話を聞いて、私自身もそのキャラクターのような人間になりたいと思ったくらいです。

人は、表面だけではわかりません。奥にはピュアな何かがあるのです。なぜを問いかけることによって、その人の本質までたどり着かなければならないと、私は彼のおかげで教えられました。

○ 社長からあいさつする

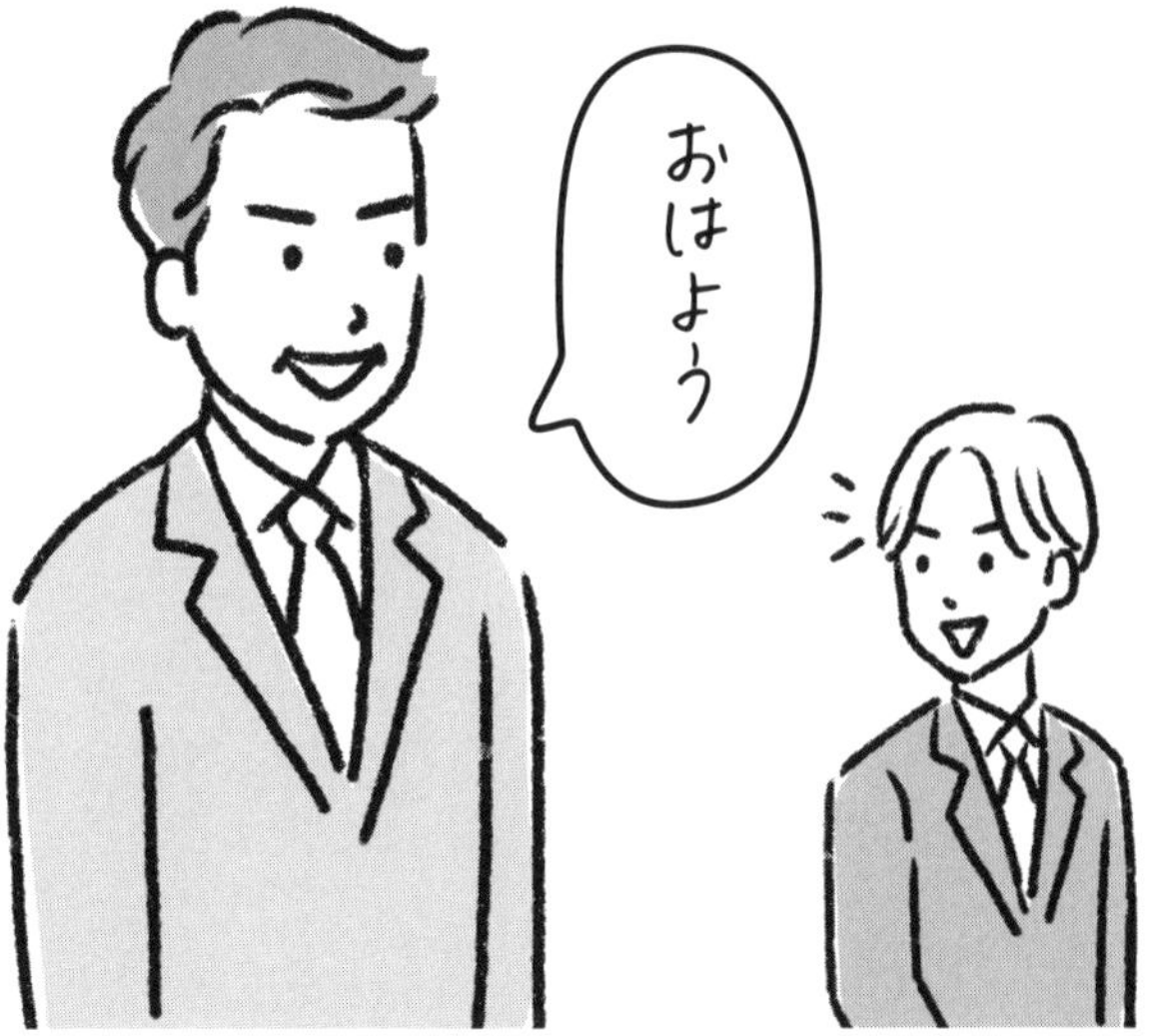

PART 6 社長と社員では見えている世界が違う

× 社員からの相談を待つ

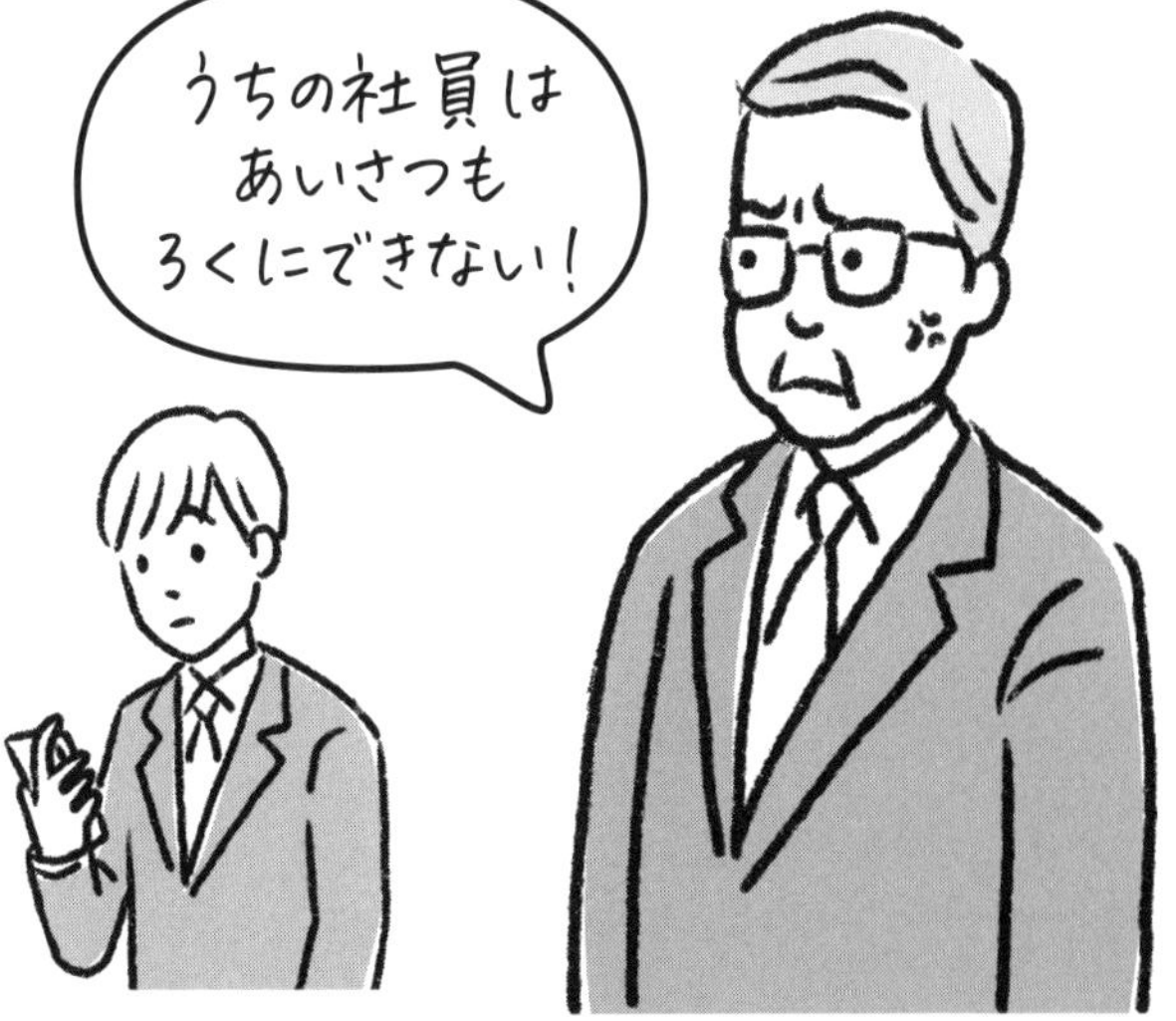

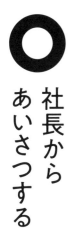

自ら率先して社員にお礼する

あなたは、部下に「ありがとう」とお礼を言っていますか？

「そういえば、言っていないな……」と気づく社長が多いと思います。

日常生活では「ありがとう」とお礼を言う機会がけっこうあります。ドアを通ろうとしたら反対側の人が「お先にどうぞ」と譲ってくれたとき、頼んだものを家族が買ってきてくれたとき、自然とお礼を言うでしょう。

ところが、ビジネスシーンではお礼を言うタイミングを逃してしまいます。

これは私自身の反省点でもありますが、社長がきちんとお礼を言わないことで社内に根づいてしまうのは、お互いにお礼を言わない文化。少し照れくさいかもしれませんが、社長は「今日も出勤してくれてありがとう」「今日も笑顔がいいね。ありがとうね」などと、意識的にお礼を言ったほうがいいと思います。

私は、あえて「お礼ポイント」を探すようにしています。

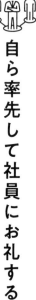

あるとき、店舗に顔を出したら、受付スタッフの爪がキラキラしていることに気づきました。

「それいいやん、めっちゃかわいいやん」

と声をかけて、続けて、

「いつも笑顔で接客してくれてありがとうな」

と、感謝の気持ちを伝えました。

これをきっかけに、受付スタッフは「最近、こんな患者さんが多いんですよ」と気軽に話してくれるようになりました。お礼を伝えることによって、受付スタッフとの日常的なコミュニケーションが円滑になったのです。

社員からは社長に話しかけにくい。社長から歩み寄らなければならないのです。

お互いに会話を交わす関係になっていないと、社長が「大丈夫?」と問いかけたら、社員はまず間違いなく「大丈夫です」と言って、早く話を切ろうとします。

社長は大丈夫ではないとわかっているから声をかけるのです。何か困っていることを解決したいと思っていても、社員は「何か注意されるのでは?」と警戒します。

社員は社長に全権を握られています。気軽に相談はできません。

社員に気軽に相談してもらうために、日ごろからお礼を言うのが簡単で効果的です。

「あいさつしろ」は社長のおごり

「うちの社員はあいさつもできない……」

これは、社長のよくあるグチの1つ。社長は、社員があいさつしないことに腹が立つことがあるでしょう。

お客さんが来社したらオフィス内の社員全員が一斉に起立して「いらっしゃいませ！」と、大声であいさつする会社があります。社長によっては、朝、出社したとき、椅子に座っている社員を全員立たせて「おはようございます！」と言わせるケースもあります。

私は、社員が社長にあいさつするのではなく、まずは社長が社員にあいさつすべきだと思っています。

社長は社内では持ち上げられ、出入りの業者からもチヤホヤされます。社長は常日頃、まわりからあいさつされる存在。だから、あいさつされる側の心地良さを知っています。

ところが、社員はいつもチヤホヤされているわけではありません。あいさつされる側ではなく、する側です。それどころか、「社長が出社したら立ってあいさつしろ」と、あいさつさせられている側なのです。それではあいさつされる側の気持ち良さはわかりません。

社員にも、あいさつされる喜びを実感させてあげるべきです。だから私は、社員に「あいさつしろ」と命ずる前に、社長自らあいさつすべきだと考えています。

お礼と同じで、コミュニケーションのきっかけは上司や社長がつくったほうがいい。

社長自らテンションを少し高めて、声のトーンも2オクターブくらい高めにして、社員に元気にあいさつするのです。そうすれば、社員たちもあいさつしてくれるようになります。

社員の不満解消が売り上げアップにつながる

「社長は飲みに行くのも仕事だと言っているけど、どうせ二次会、キャバクラでしょ?」

「社長の言うことって、思いつきだよね」

「うち、給料安いよね」

など、社員が会社や社長の不満を漏らすのは職場でよくあるシーン。社員は裏では言いたい放題です。

社員は会社に不満を持つものです。社員が100%満足することはありません。隣の芝生は青く見えるではありませんが、「あの会社に比べてうちは給料が安い」といった文句が根絶することはありません。給料が高く見える会社が実は見込み残業代70時間分が含まれている、なんてことを度外視して単純に額面で比較するのです。

社員からの評価に耳を傾ける必要はありますが、私が最も大切にしているのは社会からの評価です。これには社員からの評価も含まれます。というのも、社員の離職率の高い会社は社会からも評価されないからです。

社会からの評価の最もわかりやすい指標は売り上げです。売り上げが下がっているなら、社会から評価されていないということ。人が育ち、育った人の集合によって会社が成長し、市場から評価され、売り上げが伸びます。ということは、社員の離職が売り上げが下がる主な原因になる可能性があるのです。

社員の働く環境の課題を解決しなければ、せっかく成長して成果を出せるようになった社員が辞めてしまうことになりかねません。そうなると、業績が落ちてしまいます。

社員の不満を解消することは、売り上げアップにもつながるのです。

社員に勘違いさせるような評価はしない

社長であれ、上司であれ、上からの指示が正しいと納得させるには、数字で結果を見せなければなりません。売り上げを伸ばし、利益を伸ばし、社員の待遇を良くしていく。社員と共有している夢に近づいていく。そのことによって、社員満足度は上がっていくはずです。


私が反省しているのは、意味のない努力を評価しすぎてしまったこと。

たとえば、「休みの日にお店をまわります」「カルテが残っているので、残って書きます」といったことです。社員のミッションは、店舗をまわることでもカルテを書くことでもなく、顧客満足度を上げて店舗の売り上げを伸ばすこと。それなのに、売り上げをつくれない社員に限って、ほかの仕事でがんばろうとするのです。

営業職なら「今日は100件テレアポしました」と報告して満足するようなものです。営業職のミッションは、テレアポすることでも、アポを取ることでも、商談することでもありません。成約に結びつけて売り上げ、さらには粗利を上げることです。テレアポは手段であって、目的ではありません。手段に過ぎないことを一生懸命にやって、自分はがんばっていると思いたいのです。

かつて私は社員のがんばっている姿を見ていると、たとえ期待した成果が出ていなくても評価してしまうことがあったのです。「いいやつだな」といった感情で評価してしまっていました。社員たちにも勘違いさせてしまっていました。

しかし、ビジネスで大事なのは、数字をつくること。数字を評価すべきです。今は「そんなんで売り上げを立てられないのを帳消しにしないからね」と伝えています。

数字を上げることに社長も管理職も社員も集中できてないから、仕事以外の部分に目がいってしまうのです。

きちんと数字をあげて、利益を上げてこそ、社員を豊かにすることができます。

抜き打ちチェックはしない

店舗型ビジネスの場合、臨店チェックをしていることでしょう。臨店とは、店舗を訪問すること。スーパーバイザーらが店舗をまわって現状を調査して課題を見つけ、指導するというものです。

私の会社では、いつ臨店チェックに行くか事前に伝えたうえで、店舗のクリンネスをチェックしています。

すると、部下から「そんなことしたら、そのときしかきれいにしないじゃないですか？」と指摘されました。それでいいのです。チェックがあるから清潔さを維持しようとします。チェックがあるときには必ずきれいにしていればいいのです。

誰もが抜き打ちチェックは嫌です。

抜き打ちチェックをされると、たいていやるべきことができていないので、上司に叱られます。叱られても、そのあとまたやらなくなってしまいます。

抜き打ちチェックをすれば、常にきれいになって臨店チェックをしなくてよくなると思うかもしれません。チェックしないですむようになるなら、そのほうが社長も楽です。しかし、そうはいきません。

一方で、「いつ臨店チェックをします」と前もって伝えたら、そのときくらいは合格点を取ろうとします。そのときにリセットさせるのです。

私自身、かつては抜き打ちチェックをしたほうがいいという考えでしたが、今は違います。チェックを受けるときだけきちんとやればいいのです。

ダメなところを非難するためにチェックするのではありません。社員がやれるようにチェックするのです。

さらに、チェック項目を明確にするのが大切。あいまいな基準でのチェックではいけません。たとえば、「ここはきれいにしておいてください」ではあいまいです。きれいの基準が人によって異なるからです。

「トイレの洗面台に髪の毛が落ちていなくて、ほこりもたまっていない状態にしてください」ときれい度合いを定義します。そうすれば、社長と社員の考えにズレがなくなります。

臨店チェックを事前に伝えることと、チェック基準を明確にすること。この2つで店舗のクリンネスは高い水準を保てるのです。

いきなり部下に仕事を乗せない

「ホウレンソウが大事」というフレーズを何度耳にしたことでしょうか。ホウレンソウが大事であることを知らない人はいません。それなのに、部下が相談してこないことにもどかしい思いをすることがあるはずです。

部下は、直属の上司に対して、自分がやっていることを報告はするでしょう。それが仕事の一部だからです。しかし、必要最低限のこと以外、気軽には相談できません。上司は相談されずに物事が勝手に進んでいくことにイライラを募らせるのです。

なぜ、部下は相談しないのでしょうか？　部下と上司では見えている世界が異なるからです。上司は自分が見えている世界でやってほしいことがあります。しかし、部下にはそれが見えていません。上司と部下の間には、どうしても温度差があるのです。


部下は、自分が見えてない世界のことを言われても、理解できるわけがありません。理解できなければ、行動できません。上司は「これをやってほしい」と思っていても、これが何か部下にはわかりません。


左ページの図を見てください。上司はレベル7〜10の仕事をさせようとしますが、部下はレベル1〜3しか見えていません。そこには大きなギャップがあるのです。

上司から「早く7をやってくれ」と言われると、まだ3までしか見えていない部下はわけがわからなくてパニックになります。

それに、社員によってできるようになるスピードも違います。なかなか2に進めな

上司と部下の見えているものの違い

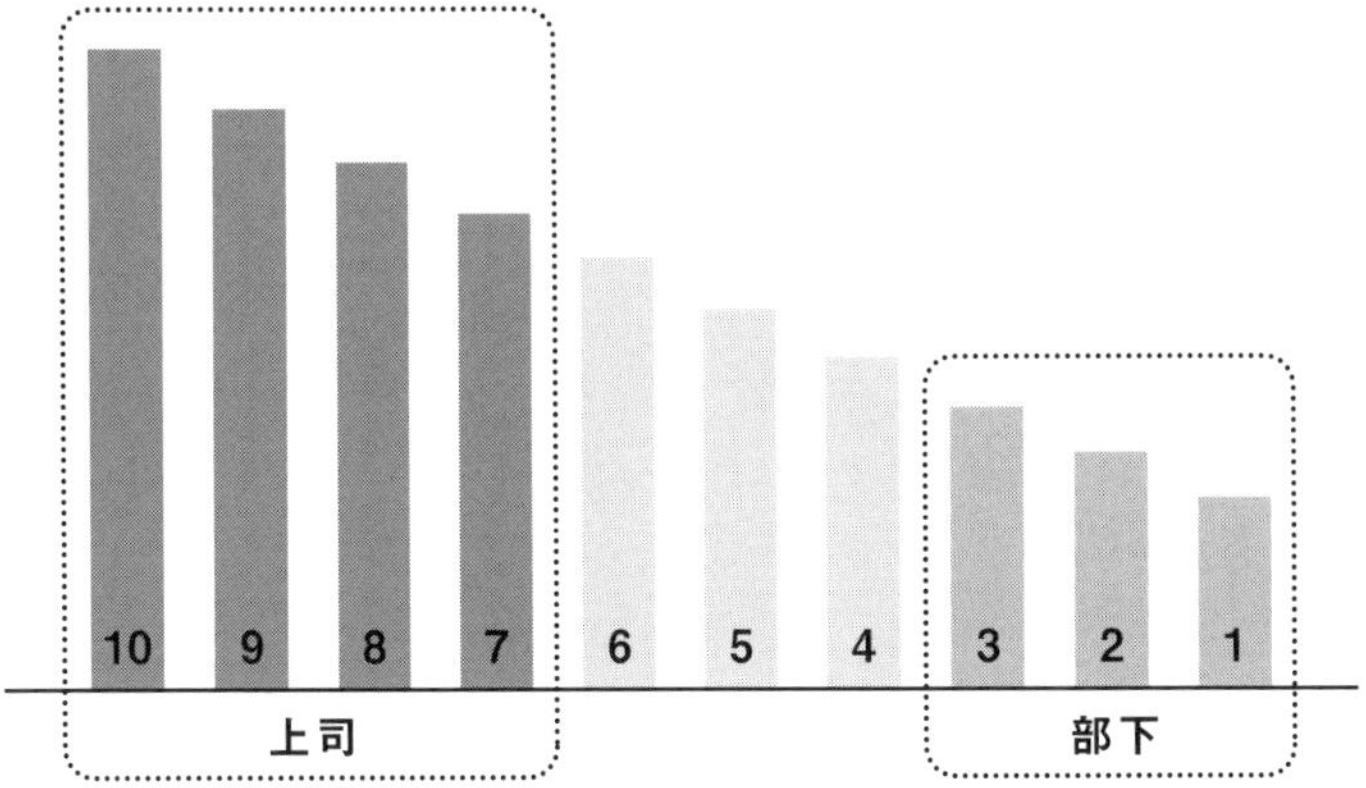

い社員もいれば、1、2、3とトントン拍子にできるようになる社員もいます。

自分自身のことも振り返ってみてください。いきなり10の地点に到達したのでしょうか？　きっと、1、2、3のステージを通ってきたはずです。

まず仕事を軽くさせてから、1つ乗せていくくらいにして、確認しながらまだ乗せられるなら乗せていくのです。

ところが、社長や上司はすぐに仕事を乗せようとします。「これができるなら、これもやってよ」「これをやってもらわないと困る」といったように。なぜなら、上司の世界でしかものが見えていないからです。

部下はすでに溺れている状態です。まず

溺れないようにしてあげるべきです。溺れているのに、さらに深みに連れて行くことを上司はやりがち。そんなことをすれば、もっと溺れて苦しくなるだけです。

まず大事なのは、部下の現状の仕事にフォーカスを当てて、何に困っているかを把握すること。

つまり、部下が見えている世界を知るのです。

「今、困っていることは何？」

と、聞いてみます。そうすれば、課題が出てきます。

「それならこうすればいいよね」

「そうですね」

「これならできそう？」

「はい」

「じゃ、まずは1だけやってくれるか？」

「わかりました」

となれば、部下は何をやればよいのか明確になって、しかもできることなのでやります。

指示を出すなら「完全結果型」

「この資料をつくっておいてね」と社員に頼んでおいたとします。

上がってきた資料を見ると、自分が想定していたクオリティーに達していませんでした。それでも、社員は「自分も精一杯やった」「時間がなかったです」「これでいいと思います」と言うことがあります。これはよく起こることですが、社員に原因があるわけではありません。

上司からの指示が「完全結果型」になっていないこと。これが最大の原因です。指示の出し方が悪いのです。

たとえば、コーチが「走ってこい！」と選手に指示したとします。選手はどれくらいのスピードでどれくらい走ればいいかわかりません。とりあえずジョギングして帰ってきてコーチに報告すると、「それじゃダメだろ！」と言われるようなものです。

「20分間で5キロ走ってきて」と指示したら、選手たちは20分間で5キロ走ってきます。明確に指示しなければ選手に意図が伝わりません。

つまり、走るという行為を時間と距離で分解しなければいけないのです。

会社でも、上司は「完全結果型」の指示をできるだけ出さないと、お互いの解釈に齟齬が生じます。

もし、自分が完全結果型の指示を出していなかったために部下が思うような行動を取らなかったら、「ああそうか、たしかに、そういうやり方もあるよな」と、一回受け止めてあげること。「私はこんな感じで思っていたんだけど、指示が悪かったな」と伝えます。

社長と長く一緒にいる社員は、社長のことをよくわかっています。社長の指示が不完全でも、忖度してズレなく行動してくれます。しかし、社長の価値観や考えをそこまでわかっていない社員に抽象的な指示を出しても、思うような結果が返ってこないのは当たり前です。

社長と社員は考え方の尺度がまるで違います。

社員よりも社長のほうが先のことや会社全体のことを考えています。物事に対する社員と社長の認識は基本的にズレるという前提に立つしかありません。

私の場合、社員向けのＬＩＮＥの文章が長くなることがあります。誤解を生まないようにするためです。伝え終わったあと、「どんな感じで理解しましたか？」とチェックすることすらあります。

相手からすると、尋問されていると感じるかもしれません。しかし、出来上がってきたものに対してダメ出しされてもう1回やり直しさせられるのと、その場で繰り返させるのとどちらが嫌かといえば、明らかに前者です。

若手が好きなアニメを見る

「ホントに最近の若い社員が何を考えているのかわからない……」

と嘆いている社長もいるでしょう。

私は、若者の意識に影響を与えていると考えられるものに自分からアプローチしています。

たとえば、漫画やアニメです。

漫画やアニメによって、若い人たちの価値観や感情が形成されてきていると思います。

「好きなアニメは何？」

私は採用面接でそう問いかけることがあります。さらに「好きなキャラクターは誰？」と聞くと、その人の人となりが何となくわかってきます。ヤバいキャラクターが好きな人もいるからです。「どんなところが好きなの？」と聞くと、本人の考え方のヤバさが伝わってくることもあります。

だから私は、若者たちに人気のアニメをあえて見るようにしています。

スポーツアニメの基本的な構図は、今も昔も大きくは変わりません。ところが最近、『カラダ探し』などのホラー系の怖いアニメがあります。「そんなアニメのどこがおもしろいんだ？」で片づけるのではなく、自分でも見てみなければ若者の意識が見えてきません。

こちらから歩み寄らないといけないのです。

若い人たちはまだ経験が少ないので、視野も視座も低いのは当然です。その人たちにいきなり「視野を広げろ」と要求するのは無理難題を投げかけるようなもの。まだ自分のことしか考えられません。社長も若いときはきっとそうだったはずです。

しかし、年を取ってくると、まわりの人たちのことや社会のことを考えるようになるのです。いきなり相手にわからせるのは無理。こちらから若い人たちの位置に降りていくのです。

「やめたほうがいい」と否定するのは逆効果

パチンコが好きな若手社員がいました。私自身はバリバリ働けるのはあと数年なので、パチンコに時間を費やすのはもったいないと思っています。しかし、若い人からすると、命はまだまだこの先長く続くものです。

かつて私は「どうせあんなの、負けるだろ？」と決めつけていました。すると、相手は「そんなことないですよ！」と意固地になるのです。やめさせようと思っても、むしろ逆効果でした。

そこで、伝え方を逆にしてみました。

「パチンコはええよな。楽しいし、金も稼げるからめっちゃいいやんけ」

と肯定するようにしたのです。

すると……

「そんなことないっすよ、負けますよ」

「そうなん？　勝てるんちゃうの？」

「無理っすよ」

「じゃ、何で行くの？」

「うーん、もうやめようかと思っているんですけどね……」

と言うではありませんか。不思議なもので、人は否定されると「そんなことない」と意固地になるのです。


実はこのリアクションが起きるのは、何も若手社員だけではありません。

たとえば、会社を大きくした成功者の社長とご飯食べに行くとします。

「いいですね。これだけ会社が大きくなったら、もう安泰ですよね」

そう投げかけると、

「そんなことはない。大変だよ」

と、否定します。

逆に、

「社長の業界って、これからの時代、大変じゃないですか？」

と投げかけると、

「そんなことないよ。実は将来性があるんだよ」

と否定します。

「安泰ですね」と問いかけられると「安泰じゃない」と返し、「大変ですね？」と問いかけられると「大丈夫」と返します。私の経験上、１００％です。

社員に対しても「そんなのダメだよ」と諭すのは逆効果。

「めっちゃいいな、それ」と投げかけると、本当の悩みを打ち明けてくれて、自分の話を素直に聞いてくれるのです。

身体と心に共通の「48時間ルール」

あるとき、私の整骨院に指をねん挫した子どもがやってきました。

きちんと治療しないと指が変形してしまいます。できるだけていねいに治療して、可動域を１００％回復させるところまでいけば、変形しません。ただ、気をつけなければいけないのは、治療後、炎症が起こって腫れてくること。おおよそ48時間をピークに腫れが引いていきます。

不思議なもので、人体の生理現象には「48時間ルール」が多い。

これは、人の意識や行動も同じだと思います。

セミナーや勉強会に参加する社長が多いでしょう。魅力的な講師に会ってテンション上がっても、48時間くらいしか持ちません。そのときだけ無双モードになることがありますが、48時間を過ぎるころには日常に戻ってしまいます。セミナーで学んだ内容を活かして成果を上げる人がほんのひと握りなのはこのためです。多くの人は「いいことを聞いたぜ！」と学んだ気になって、それで終わりです。

人は、人とかかわって磨かれていきます。いい影響も悪い影響も受けます。

私は一般社員と会う機会はそれほど多くはありません。たまに一般社員と会うと、「社長と会うと元気になります！」と言ってもらえます。しかし、48時間くらいすると、心の腫れが引いてしまうことでしょう。心の腫れも、大きなカテゴリーでは生理現象です。残念なことに、48時間ルールが適用できるのです。

院長には「48時間のうちに社員に何か行動させて自信をつけさせろ」と伝えます。テンションが上がって何もしなかったら、何も得られません。

48時間経って心の腫れが引く前に、何かしら行動に移したほうがいいのです。

成長に立ちふさがる「4つの壁」

人が成長するには4つの壁があります。

最初に「知識の壁」があります。知っているか知らないかです。
次が「行動の壁」です。やるかやらないかです。
3つ目が「気づきの壁」です。やってみた結果、何かを気づけるかどうかです。
最後に「習慣の壁」です。やり続けられるかどうかです。

社員を見ていると、3つ目の気づきの壁が高い。習慣の壁も高いですが、それ以上に気づきの壁をクリアするのが難しい。

知識を入れて、それに基づいて行動することはほとんどの社員ができます。ところが、行動した結果から何かを気づける人とそうでない人がいます。

治療家の場合、知識を入れて柔道整復師の資格を取ることで知識の壁をクリアします。整骨院に就職して、実際に患者さんを治療することで行動の壁も突破します。その行動の結果、患者さんから何かを気づけるかどうかが問われます。

たとえば、患者さんが離れていってしまうのは、何かしら原因があります。受付の接客、治療、帰りの対応、院のきれいさと、大きく分けると4つの要因がありますが、患者さんは何に満足できなかったか気づけるかどうかです。何ができていて、何ができていないのかに気づけるかどうか。これがさらなる成長の分かれ目になるのです。

人は、この4つのうちのどれかの壁で困っているはずです。自分の壁を越えるとは、自分の価値を上げていく作業です。本人が気づけないなら、上司が気づかせてあげる必要があるのです。

面談のときの質問はクローズドにする

私はかつて社員との面談のとき、オープンクエスチョンを投げかけていました。「最近どんな感じ?」といったものです。すると、社員から「がんばっています」「忙しいです」といった答えが返ってくることが多い。これでは友達の悩み相談と同じように、意味のない会話がダラダラと続くだけです。

そこで「面談シート」をつくってクローズドな質問に変えました。たとえば、治療家に対してなら、

「3カ月どんな治療をがんばっていた?」

受付スタッフなら、

「受付のことで困ったことある？」

といった具合。すると、具体的なことを話してくれます。その結果、社員の課題や困っていることも見えてきます。


かつては面談で個人の夢も聞いていました。すると、大きな夢は語るのですが、目の前の仕事とかけ離れた話になることがよくありました。

そこで、今は目の前の仕事にフォーカスした質問をまとめた面談シートにしています。そうすれば、短時間で中身の濃い面談ができます。

このシートがあるので、面談は私がやるのではなく、マネジャー的な社員に任せています。

社員たちのおかげで人生が豊かになる

小さな会社を経営している社長の頭を悩ませることの1つが、毒をまき散らす社員の処遇をどうするか。

「こんな会社あかん」

「こんな所でやっていてもしゃあないで」

などと、自分が仕事をしないことを棚に上げて、会社の悪口ばかり言う社員がいるものです。

1000人いる会社で毒を吐く社員が1人いてもわずか0・1％。これなら影響力は限定的です。ところが、10人の会社で毒を吐く社員が1人いれば、10％を占めて、まわりに及ぼす悪影響が大きい。

類は友を呼ぶではありませんが、何かしら会社に不満がある社員はひかれあいます。すると、不満の掛け算になって、社内の不満が倍増します。

社長が何かしら行動すれば、それに対してのリアクションが必ず起こります。それがいいリアクションのこともあれば、悪いリアクションのこともあります。悪いリアクションがあったからといってあきらめてしまうと、会社経営がそこで終わってしまいます。

どんな社員のリアクションも、自分のやりたい何かを実現させるための足りないピースを教えてくれていると思うようにしています。

私はむしゃくしゃして、寝る前にクッションに顔を当てて「あー」と大声を上げることもあります。それでも、何としても踏みとどまるしかありません。

人は、本当に傷つかないと、手当てをしません。ちょっとした傷なら、放っておいても治ってしまうからです。放置すると、何度も同じ問題が起きます。大きな問題が起きるからこそ、本気で改善するのです。それが会社の成長につながります。

社長をやっていると、社員たちは借金や訴訟など、いろんなトラブルを起こします。私はお笑い芸人をやっていたからか、こうしたトラブルをおもしろがれるのかもしれません。話のネタになるような出来事が山のようにあります。社員たちのおかげで人生が豊かになります。

○ みんなのルール

時間厳守

PART 7 会社のルールは社長も守る

× 社長がルール

自分は忙しいから遅れてもしょうがない
ブツブツ
時間厳守

「遅刻するな」と言う社長が遅刻していませんか？

「最近の若い子は寝坊するよね。時間を守れないのは、社会人としてアウトでしょ」なんて思っているあなた！

会議や取引先との打ち合わせに、よく数分遅れていませんか？　約束の時間よりも少しばかり遅れてやって来る社長というのは、意外と多いものです。

社長はきっと社員に「遅刻するな」と言っていることでしょう。社長は善意から社員の遅刻癖を直してあげたいと思っています。

しかし、遅刻する社長から「遅刻するな」と言われて、社員は聞く耳を持つでしょうか？　社員は表向きは何も文句を言わないかもしれませんが、絶対に社長の遅刻を受け入れません。

社長自身は「自分は忙しいから遅刻しても仕方がない」と思っています。「大切なお客さんから電話が入った」「電話が長引いてしまった」「銀行とのやり取りがスムーズにいかなかった」などの理由で、2〜3分、ひどいときは10分くらい遅れてしまうことがあります。

たしかに社長は忙しい。トップとして社員とやることが異なります。しかし、社長が「俺はこんなにやっているんだ」と忙しい自慢をしたところで、社員は白けるだけです。社員は何一つ共感しません。社長は外で誰かと会うことも多い。しかし、そうしたことを社員に理解してもらうのは難しい。社員の目には「社長は毎晩飲み歩いているだけ」と映ることでしょう。社長が「俺は忙しいんだ」と言おうものなら、社員も「私だって忙しい」と言いたくなります。社員も精一杯の仕事をしています。「社長は社員とは違うから」というのは言い訳に過ぎません。社員に「言い訳はするな」と言いながら、自分に言い訳しているのです。

社員が遅刻するのは、社長が遅刻するからです。社長の行いが社員に伝染してしまうのです。

当たり前のように時間を守る社員もいますが、そんな社員は少ない。組織を大きくしていくには、時間厳守のルールは絶対に必要です。「5分前行動」や「10分前行動」

とよく言われます。少なくとも、3分前にはその場所にいるべきです。

遅刻してその場に行くと、「すいません」と相手への謝罪から始めなければなりません。これは絶対にやってはいけないこと。

会社のルールは社長も守らなければなりません。ひょっとしたら社長自身がルールを守っていないかもしれないということを、もう一度見直してみてください。

それでも遅刻してしまう社員と向き合う

時間厳守をルール化していて、社長もよほどのことがないかぎり遅刻しないとします。社員の大半も遅刻しません。

それでも、遅刻癖が直らない社員がいるものです。仕事は一生懸命やるのに、遅刻が多い社員です。

遅刻する社員を単純に切って捨てるか、それとも粘り強く教育するか？

難しい判断ですが、20人強という規模の私の会社では、ルールを守らない社員を簡単に切って捨てるわけにはいきません。ルールは大事ですが、まだ属人的な部分が多いからです。すべてをルール化、仕組み化できているわけではありません。
もっと組織が大きくなってきたら、ルールを守らない人間のことは見切りをつけるべきだとは思います。そうしないと、なし崩し的に誰もルールを守らなくなってしまうからです。

もちろん、小さい会社だからといって、ルールを守れない社員を放置するわけにはいきません。粘り強く教育したうえで、それでも遅刻するなら社長は「これ以上遅刻したら、辞めてもらうしかない」と言うしかありません。しかし、本音は辞めてもらいたくない。何とか遅刻癖を直してほしいと思っています。

それでも遅刻したことが社長に伝わってきたら、辞める辞めないの話になってしまいます。そうならないようにするために、管理職に叱ってもらうしかない。しかし、職場の雰囲気を壊したくない管理職は、部下を叱りたくない。それでも部下を叱ることが、部下本人のためでもあることを管理職に理解してもらいながら、社長も連携して粘り強く対応するしかありません。

そもそも、完璧な社員なんかいません。仕事ができて幹部になった人間でも、すべてがすばらしいわけではありません。何かしら問題を抱えています。

みんな誰しも欠点があります。チャートにすると、みんな汚い丸です。デコボコです。

私もそうです。

きれいな丸になれなくてもいいのです。より大きな丸になろうとすればいいのです。

言ったことをやらない理由は3つ

「あの仕事、やっといてね」

そう社員に伝えたものの、しばらくして、

「あの仕事、どうなった？」

と聞くと、やっていないのはよくあること。

やらない理由は「やりたくない」「やり方がわからない」「忘れている」の3つだとすでに述べました。

社員にお願いしたのにやっていなかった、というのはどの社長にも起こりえる問題です。

だから、「ホウレンソウ」という言葉がこれほど広く浸透しているのでしょう。放っておくと、社員は報告・連絡・相談をしません。

ホウレンソウが大事なのは誰もがわかっています。それなのにどの会社もホウレンソウで苦労しているのには、大きな原因があります。それは、社員だけにホウレンソウの徹底を求めていることです。

ホウレンソウは、社員だけでなく経営側もやらなければなりません。

私の会社でも、かつてどちらからホウレンソウをするのか不明瞭でした。これを明確化したのです。業務に関しての報告の期日設定は経営側、終わったあとの報告は現場側、わからないときの相談も現場側からというルールを設定しました。

どんな会社でもたくさんの問題が起こっています。大きなエラーが起こっている箇所を埋めることが大事。ちまちまコツコツとやっていくことで会社は成長していくのでしょう。

「オレがルール」からの脱却

私は院長として1店舗だけを運営していた時代、どれだけ忙しくても新規の患者さんをお断りしませんでした。患者さんがお見えになるのは、何かしら体のことで困っているから。そんな患者さんを放っておくわけにはいきませんでした。

広さ9坪の狭い店内に、10台ほどのベッドをすき間がないくらい並べていました。治療家は私ともう1人、それに受付スタッフのみ。受付スタッフはあまりに患者さんがいらっしゃるのでてんてこ舞いになっていましたが、今や各店舗をサポートするマネジメント的な仕事や動画作成などを担うキーパーソンに成長しました。

正直に言って、私はそのころが一番お金持ちでした。会社経営は本当に不思議です。店舗を増やし、人を増やし、組織を拡大するとどんどんお金がなくなっていきます。

あのころは完全に自分自身がルールでした。お客さんからの「信頼貯金」が貯まっていました。会社のルールなんてなくても、私目当てのお客さんが次々とお見えになってくださったのです。

ところが、社員が増えて10人くらいになると、社長の「俺についてこい」といった感覚では社員はまとまらなくなります。

会社を運営するための「みんなのルール」が必要になるのです。

平均年収が2000万円を超え、日本一給料が高い会社との呼び声が高いキーエンスは、属人的なものをできるだけ排除して、徹底的に標準化・マニュアル化しているそうです。キーエンスは、いろんなことをやってきた結果、標準化が最善だという答えを出したのでしょう。

基本的に、組織が大きくなればなるほどマニュアル化、仕組み化が進み、属人的なやり方から脱却していきます。

「30人の壁」とよく言われます。30人くらいになると、社長の目が行き届かなくなり、ピラミッド型の組織へと転換しなければなりません。組織やルールを整備しなければ、30人の壁は突破できないでしょう。30人というのが、属人的なやり方から脱却する分岐点かもしれません。

会社の成長に合わせて、ルールや制度を整えていかなければならないのです。

評価制度を整備して社員が欠けているスキルを明確にする

30人に近づくあたりから、評価制度も抜本的に見直さなければなりません。というのも、鍋蓋式の組織ではプレイヤーとしての評価だけしていればいいのですが、管理職が増えていくと、評価基準を明確化しなければならないからです。優秀な新人が入社してくるようになると、社歴や年齢にかかわらずに成果を評価する仕組みも必要になるでしょう。

明確な評価基準を設けてチェックしないと、長く働いている社員は「自分はできる」と錯覚してしまうことがあります。これは誰にでも起こることです。

私の会社の場合、集客は会社がやります。患者さんが来てくださるので、それなりの数字を上げることができます。そうすると、「自分は治療ができている」と勘違いしてしまうのです。

私は最近、70項目に及ぶ評価シートをつくりました。実際に社員をチェックしてみると、患者さんにサービスを提供できるレベルに達していない項目があるケースがありました。

ということは、社員は自分は何ができて、何ができないのかが不明瞭だったのです。社長の私の目が届けば「そこがまだできていないよ」と気づいて指摘できるのですが、店舗型ビジネスでは常日頃から社長の目が現場に届くわけではありません。

評価制度を明確にすることは、社長が社員の現状を把握できるだけではありません。社員自身も欠けているスキルがわかってやるべきことが明確になるというメリットがあるのです。

プレイヤーとして優秀な人材が活躍できる仕組みづくり

多くの会社では、プレイヤーとして優秀な人材を管理職へと引き上げます。私の会社でも、治療家として優秀な人材を院長に登用します。

プレイヤーとして優秀な人材は、プレイヤーに専念できる環境で能力を発揮してきました。ところが、管理職になると、部下のマネジメントという仕事はゼロからのスタートです。現場とは関係のない会議に出たり、部下を育成・評価したりといった業務が加わります。そのとき、自分の役割の切り替えがうまくできる人とできない人がいます。PART1で述べたように、役割と仕事を明確化しなければなりません。そうすれば、プレイヤーからマネジャーへ切り替えがしやすくはなるとは思います。

プレイヤーとして優秀なら、プレイヤーのまま仕事を続けさせたほうが持ち前の能力を発揮できるかもしれません。しかし、20人強の組織では、プレイヤーのままで昇給していく仕組みをつくるのは難しい。ポジションを上げていくという「縦軸」の評価しかできません。院長に昇格するルートしかないのです。

しかし、会社が大きくなっていけば、「横軸」のキャリアパスをつくることができます。管理職ではなく、専門職としてスキルを突き詰めていくという道です。実際、大手企業には、ジェネラリストとしてポジションを上げていく通常のキャリアパスのほかに、スペシャリストとしてのキャリアパスを設定しているケースがあります。

組織の拡大にともなって、多様な人材が活躍できるような新たな制度をつくっていく必要があるのです。

○

自責思考

PART 8 社員のせいにしない

×

他責思考

「ホントついてない」と言っていませんか？

「ホントついてない」

小さな会社の社長と話していると、そんな言葉を耳にすることが少なくありません。

不思議なもので、「ついていない」という言葉を使っていると、本当についていない出来事が起こります。

実際には、いいこととついていないことがどちらも起こっています。ところが、「自分はついていない」と脳が意識すると、気になるのはついていないことばかり。良いことが起こってもスルーして、悪いことが起こると「やっぱりついていない」と思ってしまうのです。ついていないは思い込みにすぎません。

後ろ向きの思考は、マイナスの方向でしか深掘れません。

思考に気をつけなさい。それはいつか言葉になるから。

言葉に気をつけなさい。それはいつか行動になるから。

行動に気をつけなさい。それはいつか習慣になるから。
習慣に気をつけなさい。それはいつか性格になるから。
性格に気をつけなさい。それはいつか運命になるから。

これは、ノーベル平和賞受賞者のマザー・テレサの言葉です。言葉が行動になり、習慣になり、性格になり、そして運命を左右するのです。それくらい自分が口にする言葉は重要です。

社長は「自分はついていない」とネガティブな感情にとらわれてはいけません。もちろん、だからといってただ能天気であればというわけでもありません。マイナスのことばかりに目を向けず、正しい現実を把握することが「ついていない」から脱出するきっかけになるのです。

他責ではなく、自責で考える

人は「ついていない」と言うとき、自分の外についていない原因を求めています。

「ついていない」という言葉は、自分を棚に上げて、まわりのせいにしたり、人のせいにするものです。

与えられた役割の中で、結果に対して100%責任は自分にあるというのは「自責思考」。

結果に対して言い訳するのが「他責思考」。

自責で物事をとらえたほうがいいというのが私の考え。他責思考では行動を変えられません。

社員とコミュニケーション不足でエラーが起きたり、何か社員がやらかしたとき、基本は社長の責任です。人や環境のせいにした瞬間、問題の本質が見えにくくなります。自分に矢印を向けて、自分がどうすればその問題を解決できるのか、と自問自答するのです。

たとえば、「患者さんが来ないんです。でも、寒いんでしょうがないんです」と言う社員がいます。それに対して、私は次のように話します。

「たしかに寒いと人出が減るよね。じゃ、それを改善するために自分がどうすればいいか、何か考えを1つ挙げてみて」

するど、社員は打ち手を考え始めます。これは何も社員だけの話ではありません。社長も同じような思考になることがあります。人や環境のせいにした時点で、思考はストップします。自責で考えなければ、次の方策は見つかりません。

社長は、毎日変化が起こる中で、会社を成長させるために経営しています。今の場所にとどまれば安全かもしれませんが、成長はありません。常に安全領域から出て、危険を顧みずに挑戦していかなければなりません。

私のまわりの成功している社長たちは、常に変わろうとして挑戦しています。それなのに、自分が安全領域だけで活動していれば、取り残されるだけ。変わらないこと自体が大きなリスクです。

社長は常に社会と戦っています。社会から選ばれないといけない。安全領域のぬくもりの中にいるのではなく、今よりも少しでも前へ、少しでも前へと進んでいかなければなりません。

自責思考なら、自ら考えを変え、言葉を変え、行動を変えられます。

ところが、他責思考では行動を変えられず、会社は成長しません。

会社がうまくいっていないとしたら、他責思考が原因になっている可能性大。社長が変わらないから会社が変わらないのです。

自責で壊れないようにする「アバター作戦」

とはいえ、自分を責めてばかりでは、つらくなって自分の心が壊れてしまいかねません。そこで、私は自分を守る工夫をしています。自分のことをアバター、つまり分身としてとらえるようにしているのです。


私は『ドラゴンクエスト』で育った人間です。若いころ、寝ずにドラクエをやっていました。それこそコントローラーを握りながら寝落ちしたくらいハマっていました。

ドラクエをやったことがある人はわかると思いますが、勇者になりきって、危険なことにも果敢に挑戦します。魔王を倒して強い武器を手に入れたい。経験値を上げて強い魔法を覚えたい。ゲームの中なら、危険を顧みずにどんどん進んでいきます。リアルな世界では怖気づくくせに、ゲームでは無双です。

本来は、リアルな世界で挑戦しなければなりません。しかし、生身の自分はなかなか挑戦できないこともあります。だから私は、ゲームの中で自分というアバターを自分が動かしていると考えるのです。

そうすれば、たとえ失敗したり、自責の念にかられても、アバターが傷つけられたという感覚になれるのです。自分の責任としてとらえてばかりいるとつらくなりますが、自分のアバターのせいにしてしまうのです。自分を痛めつけないようにするための方策です。

社員もゲーム好きが多い。社員はゲームではビビらずに挑戦していくのに、リアルな場所ではまったく挑戦しない。だから私は社員にこう言います。

「自分のコントローラーは絶対に人に任せるな。自分で握り続けろ！」

人の悪口は禁止、会社の悪口はOK

私は会社の悪口は言っていいと社員に伝えています。ただし、「人の悪口は絶対に言わない」というのがルールです。

悪口を言われたら、誰でも傷つきます。人は、否定されるのに弱い。心が砕かれます。ユーチューブに動画を上げている私はいろんな書き込みをされるので、誹謗中傷に対する耐性は強い。それでも、悪口を言われるのはこたえます。

人の悪口禁止は、社長が個人攻撃から自分を守るためにも必要なルールだと思います。

大切なのは、会社に対する悪口を悪口で終わらせないこと。社員が抱いている不満を課題化して、解決につなげなければなりません。

どこがどのように悪いのか？　どうやったら良くなるのか？　それは本当に会社が直せることなのか？　それとも個人の考え方と会社の方針にズレがあるだけなのか？

グチをグチで終わらせなければ、こうしたことが明確になって会社づくりにつなげることができます。

ジャイアンにはスネ夫が必要なこともある

アバター以外にも、社長の精神安定剤になるものが存在します。

それは「太鼓持ち」「腰巾着」と呼ばれる人です。

太鼓持ちとは、こびへつらって気に入られようとする人。腰巾着とは、御機嫌をうかがいながらつき従っている人。

社内では、社員から「あいつは社長におべっかばかり使っている」と煙たがられます。取引先からも「あの人が社長にいい顔をするために下請けに無理難題を押しつけてくる」と不評です。

それでも私は、会社のフェーズによっては太鼓持ちが必要なケースがあると思います。

社長も人の子です。気分がいいときもあれば、自責の念にかられて落ち込むこともあります。しかし、社長の精神状態が悪くなることは、会社にとって大きなリスク。社長が「うちの従業員は働かんわ、イライラするわ」と思って1日そのことばかりを考えていたら、会社の事業のことを何も考えられなくなってしまいます。

社長が不機嫌だと、社員たちにも悪影響を及ぼします。社員たちは社長のご機嫌が気になって仕事が手に付かなくなります。

小さな会社では社長1人が果たす役割が大きい。社長は、会社を前進させる最大のエンジンです。それなのに、社長が精神的に不安定では会社の屋台骨が揺らいでしまいます。

社長が自分自身で健全な精神状態を保てるなら申し分ありませんが、そうはいかないことも多い。そんなときこそ、太鼓持ちのような社員の出番なのです。ジャイアンにはスネ夫が必要なケースもあるのです。

社長のキャラクターによりますが、どんな手段を使ってでも健全な精神状態にすることが大切です。

社長の自責思考は社員に伝播する

「時間って長いよな」
「早く終わらないかな」
「残業って何なん？」

とこぼす人がいます。仕事が楽しくないと、時間の進み方が遅い。これは社員たちの他責思考が原因です。自分の毎日が充実しないのを会社のせい、社長のせい、しまいにはお客さんのせいにしているのです。

だからといって、社員全員に自責思考を求めるのは酷というものです。

それどころか、社員の他責思考は社長の影響かもしれません。社長や幹部といった影響力のある人たちの感性や思考は社員たちに強く影響するからです。

私がまだ1店舗だけを経営していたときのことでした。私は健康オタクなので、当時、腸洗浄というのをやっていました。腸洗浄とは、コーヒーなどを肛門から注入して腸内を洗浄する健康法。この話をすると、患者さんや社員も腸洗浄をするようになりました。私が強くすすめるようなことをしなくても、自然と腸洗浄の輪が広がったのです。

つまり、影響力のある人の思考や行動は伝播していくのです。

社長が自責思考になれば、社員たちも自然と仕事を自分事としてとらえるようになります。

PART7で触れましたが、少し影響力のある社員が他責思考で「この会社あかんな」と言い出すと、まわりの社員たちにネガティブな影響を与えてしまいます。それはもしかすると、社長自身の他責思考が伝播しているのかもしれません。

自分が他責思考だと、他責思考の人が集まってきます。

まわりに自責思考を強要しなくても、自分の自責思考が自然と社内に浸透していきます。

「何でできないんだ?」を繰り返すと、できない社員が育つ

「なぜ」を深掘りすることが大事だと、これまで繰り返し述べました。しかし、社員が失敗したときは少し気をつけたほうがいい。「なぜなぜ問答」を続けると、結局は「私が悪かったです」と言わせて終わりになりがちだからです。

ダメだったことに対して、なぜダメだったのかを考えることは、ある程度は必要です。

しかし、原因だけ追及して謝罪させても何も解決しません。「次からどうすればいいのか?」という逆転の発想に変えていかないと、脳は「失敗するくらいなら何もやらないほうがいい」とブレーキをかけてしまいます。

私はよく社員に次のように言います。

「今、できなくてもいいやん。できるようになればいい」

「過去や現状のことばかりにとらわれすぎるな。未来のことを考えていこう」

「何がダメだったか？」の話は早々に切り上げて、「それならどうすればできるようになるの？」という方向に話を持っていくようにしています。

たとえば若手社員にとっては、はじめてのことがたくさん起こります。できないことだらけです。

「何でできないの？」

という話ばかりしていると、「できない、できない」と洗脳することになります。その結果、社員はできない人間になってしまうのです。

社長が常に正しいとは限らない

先日、インドに行ってきました。インドではやたらと首をかしげる人がいました。日本で首をかしげるのは「よくわからないな～」「うーん、どうなんだろう……」というとき。私は、何をいぶかがっているのか不思議でした。

よくよく聞いてみると、インドでは「了解」というときに首をかしげるというのです。日本では「了解」「ＯＫ」というときは首を縦に振ってうなずきますが、インドでは正反対の動きでした。同じ動作でも、文化によって意味することがまるで違うのです。

日本人同士でも同じようなことがあります。自分が正しいと思っていることが、相手にとっても正しいとは限らないのです。

「自分が正しい」と主張することは「相手は間違っている」と言っていることの裏返しです。

社員が何か意見を言ったとき、社長が「俺が正しい」と社員の意見を否定してしまうと、相手に自分の考えを押しつけることになってしまいます。

社長の正しさの基準ですべてを決めてしまうと、結局、社長の発想の範囲内でしか会社は成長しません。「社長の正しさの限界」という問題が起きるのです。社員も口をつぐむようになってしまいます。社長に意見する人がいなくなると、社長が道を誤る可能性すらあるのです。

大手企業は、取締役会で物事を決めます。社外取締役がいる会社も多い。社長の独断ですべて決められるわけではありません。

しかし、オーナー企業は違います。社長が自分ですべて決めようと思えば、決められるのです。

ついつい、社長が社員に対して「自分の言うことを聞け！」と言いたくなるでしょう。もしかすると、社長は社員のことを信頼していなかったり、自分がマウントを取りたかったりするだけかもしれません。

いつも社長が正しいとは限りません。時には社員が正しい場面もあるのです。

社員の意見にダメ出しする前に、目的を共有する

物事を決めるとき、社長と社員が目的を共有できていれば、社員は自分の意見を採用されなくても納得感はあるでしょう。

ところが、社長だけが目的を知っている場面が意外と多い。社長が社員に目的をわかりやすく説明していないのです。

社員は目的を知らない。だから的外れな意見を言ってしまいます。それに対して、目的をわかっている社長は「そんなのダメだ」と完全否定してしまいます。

社員の意見のレベルや内容を問う前に、自ら目的を明確に伝えるべきです。そうすれば、社員からも必ずいい意見が出てきます。

もちろん社員の意見にはレベルが低いものもあります。社長と比べれば知識も経験も浅いのですから、仕方ありません。それでも、社長は社員から出てきた意見に対して「それいいね！」「そういう考えもあるのか」と伝えて議論を深めていったら、楽しい話し合いになっていきます。

目的さえ共有していれば、たとえレベルの低い意見でも、少なくとも方向性は間違えません。

社長は社員を教育します。一方で、社長は社員から学ばされます。社員に意見を求めると、自分では思いつかなかったようなことが出てくることもあるのです。

できないからといって、叱らない

時には、社員を叱らなければならない場面があります。

他人を叱るのは勇気がいります。自分は嫌われたくないからです。しかし、嫌われたくないというのは自分のことしか考えていません。相手のことを本気で思っているなら、叱ってあげるのがやさしさです。

ただし、怒ると叱るはまったく別次元。

怒るのは感情をぶつけているだけです。

叱るのは、相手の将来を考えてのことです。

ただ、社員を見ていると、部下を叱るのは難しいことがよくわかります。上司は職場の雰囲気を壊したくないからです。

私自身が叱られる側だった若いころ、叱ると怒るの違いがわかっていたかといえば、そんなことはありません。

私はオール巨人の弟子を3年半経験しました。当時の私は「めちゃ怒られます」「めっちゃこわいです」とまわりに打ち明けていました。

あとから振り返ると、オール巨人の弟子として学んだことが人生のかけがえのない糧になっています。巨人師匠は本気で私の将来を考えて叱ってくれていました。あの経験があるから今の自分が存在します。

それでは巨人師匠が私のために叱ってくれていることをリアルタイムではまったくわからなかったかといえば、そんなことはありません。「めちゃこわい」とこぼしながらも、当時の自分にも伝わるものがありました。

しかし、自分が社長になって社員を叱ったとき、相手のためを思ってのことだと伝わらないこともあります。叱るのは本当に難しい。

私は、仕事ができないからといって叱ることはしません。

私が叱るのは行動しなかったとき。

たとえば、具体的なやり方を伝えて仕事を任せたのに、しばらくして「あれどうなっている?」と聞くと、「すみません、忘れました」と返ってきたら、叱ります。

行動しないと、何も結果が生まれません。その行動がいいか悪いかもわかりません。やって失敗したり、間違えたりしたことは叱りません。しかし、やらないことは叱ります。

行動するから、何かが生まれ、何かが変わり、前へと進みます。

行動しないと、結局、自分自身が苦しくなってしまいます。

ただ、私は直接一般社員は叱りません。

院長は、私の会社の規模だと子どものようなもので、一般社員は孫みたいなものです。子どものことは叱ってでも育てないといけない責任があります。

しかし、一般社員とは月1回くらいしか会わないのに、いきなり叱っても私の思いは伝わりません。だから、一般社員を叱ることはありません。

失敗しまくっている人が成功する

社員には、やればできるレベルの仕事を与えるとは限りません。やってもできないとわかっていてさせることもあります。社員には「野球と同じで、まずは振ってみろ。空振りしてもいいから振ってみろ。振らなきゃ当たらない。失敗してもいい。失敗は成功のもとというじゃないか」と伝えます。成功しているのは、失敗しまくっている人です。失敗のない成功者はいません。

ただ、それでもやらない社員が多い。

社会人になったときにすでに心に染み込んでいるのは「怒られたくない」という感情。私は、新人研修で「失敗したくない」という気持ちを徹底的につぶします。

「失敗していいぞ」
「どんどん失敗しろ」
「失敗してはじめてわかるから」
「考えて、ある程度行けると思ったら行け。そこで課題が見つかるから」

と徹底的に話します。

「失敗していい」と言ったかぎりは、
「何でできないんだ？」
「どうして失敗したんだ？」

とは言わないことです。

お金よりも大切なものを与えないと、社員はついてこない

「会社って、社長に気に入られたら上に上がれるんでしょ」

そう言っている院長がいました。

「いや違うで。僕にへらへらして何でもハイハイ言っている社員を上に上げるなんて、まったく違うから勘違いしないでね。みんなでつくっていく会社なんやで」

私はそう説明しました。私は社員に好かれたいとは思いません。社員には「私のこと嫌いになってもいいよ」と伝えています。

社員から信頼や尊敬、感謝などを得たいと思っている社長もいると思います。それなら、まずは相手を信頼し、尊敬し、感謝するのが先です。

社長は、自分がプレイヤーとして培ったノウハウを教えたり、仕事を手伝ってあげたりして、社員を育てなければなりません。まず与えるのは社長です。その結果、尊敬となって返ってきます。

ところが、社長は「これだけ給料を払っているんだから、ちゃんとやれよ！」と先に求めてしまいがち。お金よりも大切なものを先に与えないと、人はついてきません。

これだけ転職が一般化すると、定年まで勤め上げる人生を描きづらい。それでも、会社を永続させたいなら、社員と一緒に長く航海を続けられるような環境づくりをしなければなりません。

社長は毎日が決断の連続です。
その決断を繰り返した結果が今です。
もし、今、自分が思い描いている会社になっていないなら、それは楽したい自分の決断の結果です。社員のせいではありません。常に自責で決断すれば、みんなのビジョンの実現に少しずつ近づくはずです。

おわりに

会社経営は人生を賭けるに値するゲーム

人を雇うと、本当にいろんなことがあります。

本書に書けないような信じられないトラブルも起こります。

それでも私が会社経営を続けているのは、1人では絶対に味わえない豊かな体験ができるからです。


滋賀県は2023年現在、サッカーJリーグのホームチームがない数少ない都道府県の1つです。最近になって、ようやく本気でJリーグ昇格を目指すチームが現れました。その社長から、トレーナー就任のお声をかけていただきました。会社組織にして、店舗数を増やして、滋賀県民に支持されてきたからこそ、そうしたチャンスがめぐってくるのだと思います。

人生とは、リアルなロールプレイングゲームです。

自分はもちろんゲームの中の主人公。自分自身を成長させて、自分のチームを大きくして、メンバーに幸せになってもらうゲームです。

主人公である社長にとって、お金ももちろん大事ですが、それ以上に大切なのはいかに豊かな人生を送れるか。

自分の会社の人たちに深くかかわることによって得られる喜びはかけがえのないものです。

それなりに力がある人なら、自分1人が生きる分だけ稼ぐのは難しくないでしょう。自分1人が幸せになることもできるでしょう。

しかし、1人では、やれる仕事も、かかわる人も、上がれるステージも、そして巻き起こる予想外のエピソードも、たかが知れています。

会社を立ち上げて、社員を雇い、組織を大きくしていくと、大変なことは山ほどあります。たくさんの人間が集まると、起こるエピソードはその人の数の分だけ増えていきます。エピソードだらけです。

「おもろ！」

「やば！　楽しすぎる」

「これは危険やけど最高やな！」

私はしょっちゅうそんなふうに感じています。

私がこれまでプレイしたどのロールプレイングゲームよりも、断トツに楽しいのが会社経営です。

会社経営は、人生を賭けるに値するゲームです。

視座が高まり、視野が広がる喜び

私には2人の子どもがいますが、まだ赤ちゃんのときに痛感させられたことがあります。

それは、一度視野が広がると、元には戻りたがらないこと。

赤ちゃんは寝ていると静かにしていますが、一度立たせると、寝かされるのを嫌がります。立って視座が高まり、視野が広がると、元に戻りたくないのです。広がった世界にワクワクするのです。

視座が高まること、視野が広がることは、本来人間が持っている喜びではないでしょうか。

社長になって会社を経営すると、立ち上がった赤ちゃんのように視座が高まり、視野が広くなる喜びを味わえます。

会社が大きくなるととても大変ですが、今までできなかったことができるようになり、今まで見えなかった景色が見えてきます。

しかも、社員たちと共通の夢を見ることができるのです。

私は成長意欲が強い。もっと成長したい。

成長している自分が組織をつくり、社員の人数が増え、人が育つことで自分の器がさらに大きくなっていく――。

だから経営者はやめられません。

自分らしい会社づくりを

「自分は経営者の器ではない……」

もしかすると、そんなふうに考えている人がいるかもしれません。

心配いりません。

社長なんて、誰でもできます。元お笑い芸人の私にできて、あなたにできない理由はありません。

日本は少子化が進んでいきます。

人を雇って、組織を拡大していくというのは、もしかすると時代に逆行しているかもしれません。

もちろん、組織は大きければいいとは一概には言えません。

いろんなタイプの人がいて、いろんなタイプの社長がいます。その社長に合った組織をつくればいいのです。

人の性格だけいろんな組織のつくり方があります。

情熱的な社長についていく社員もいれば、クールな社長についていく社員もいます。

自分らしい会社をつくっていけばいいのです。

そのために欠かせないのがでっかいビジョンです。

ビジョンさえ明確なら、社員たちみんなが同じ方向に進んでいけます。


少しでも人が集まる組織づくりの参考になればと、本書をまとめました。

あなたがまだ一人社長なら、本書が第一号社員を雇うきっかけになるのなら、望外の喜びです。


最後に、私がこうして社長でいられるのも、ひとえに毎日がんばってくれている社員さんたちのおかげです。今の社員さんはもちろん、かつて働いてくれた人たちも含めて、みなさんのおかげで私は成長することができています。たくさんの楽しい経験をさせてもらっています。

私の会社にかかわってくれたすべての人に感謝します。

人が集まる社長と人が離れる社長

2023年8月31日　第1刷発行

著　者	堀之内裕史
編集人	佐藤直樹
ブックデザイン	吉崎広明（ベルソグラフィック）
イラスト	にしだきょうこ（ベルソグラフィック）
執筆協力	山口慎治
編集協力	長谷川 華（はなぱんち）
企画協力	吉田 浩（株式会社 天才工場）
発行人	森下幹人
発行所	株式会社 白夜書房 〒171-0033　東京都豊島区高田3-10-12 TEL.03-5292-7751 FAX.03-5292-7741 http://www.byakuya-shobo.co.jp

製版	株式会社 公栄社
印刷・製本	大日本印刷 株式会社